T0349058

*Manual práctico para un
buen uso de los signos de puntuación*

MANUALES | Berenice

José Carlos Aranda

Manual práctico para un buen uso de los signos de puntuación

Berenice

© José Carlos Aranda, 2022
© Editorial Almuzara, S. L., 2022

www.editorialberenice.com
Parque Logístico de Córdoba. Ctra. Palma del Río, km 4
C/8, Nave L2, nº 3. 14005, Córdoba

Primera edición: septiembre, 2022

Colección Manuales

Director editorial: Javier Ortega
Maquetación: Helena Montané

Impresión:
Gráficas La Paz

ISBN: 978-84-11312-04-2
Depósito legal: CO-1314-22

Impreso en España/*Printed in Spain*

Índice

Introducción

Cuando hablamos de Ortografía, con mayúsculas, normalmente pensamos en los errores que se cometen en las grafías por mera confusión fonética en ejemplos como la «b»/ «v», «ll»/«y», presencia o ausencia de la «h», etc. Y se nos olvida, con frecuencia, que una parte esencial de la Ortografía se dedica al estudio y sistematización de los signos de puntuación. Estos quedan relegados en el estudio a un aprendizaje instintivo y asistemático. Sin embargo, buena parte de nuestra eficacia en la comunicación escrita dependerá de su correcto uso.

Los signos de puntuación nos sirven para organizar la lógica del discurso estructurándolo primero en párrafos, a través de los puntos y aparte. Luego en oraciones, a través de los puntos y seguido. Y, por último, los contenidos de la propia oración a través de la coma, el punto y coma, los dos puntos, los signos de interrogación, exclamación, paréntesis, comillas, etc. A través de los signos de puntuación podremos marcar la reproducción de una cita textual o la alternancia de los interlocutores en un diálogo, indicar la voz del narrador en una historia o señalar si lo que mencionamos es el título de una obra o un fragmento de la misma. Para todo ello, existen normas y claves que nos obligan por consenso y se encuentran recogidas en los manuales de Ortografía.

En realidad, el uso de los signos de puntuación es fruto de un consenso social. A través de ellos, tratamos de reproducir la entonación en el discurso que realizamos de forma inconsciente cuando hablamos —la lengua escrita no es sino la transcripción de la lengua oral—. Lo que hacemos al escribir es sustituir las modulaciones e inflexiones de voz con las que transmitimos al oyente el mensaje. Con las pausas más o menos prolongadas y con el tono del enunciado, comunicamos si hemos acabado o no de hablar, si hemos concluido o no la expresión de una idea a través de una oración; si estamos afirmando, negando o preguntando; o si estamos incluyendo matices explicativos, circunstanciales, reflexivos o enfáticos en la propia oración.

Los signos de puntuación tratan de reflejar en la escritura las modalidades básicas de la comunicación enunciativa, interrogativa o exclamativa, según estemos transmitiendo una idea, solicitando una información del oyente, tratando de influir en la conducta del mismo o expresando nuestro propio estado de ánimo como emisores del mensaje —miedo, duda, rabia, sorpresa, etc.—. Cuando hablamos, no somos conscientes de estar transmitiendo toda esta información a través de una melodía, de una forma peculiar de entonar y modular nuestra voz, elevando y bajando el tono hasta formar curvas bien definidas que el oyente interpreta también de forma inconsciente. Los signos de puntuación hacen consciente este uso y lo trasladan gráficamente a la lengua escrita. Para ello, disponemos de un número de signos limitado que conviene conocer para usarlos adecuadamente.

Su aprendizaje es imprescindible para alcanzar una buena capacidad de expresión, pero también resulta más lento y complicado por la reflexión necesaria para su sistematización. Deberíamos trabajar desde las primeras etapas del aprendizaje en los signos básicos procurando la limpieza sintáctica de las construcciones elaboradas por los escolares. Pero esto rara vez se hace. La lengua es oral, la escritura no deja de ser una transcripción de los sonidos pronunciados. El aprendizaje lingüístico es automático, basta la exposición del niño a la lengua durante la etapa precisa para que la aprenda; sin embargo, el cerebro no está maduro para el aprendizaje de la lectoescritura hasta más tarde, y este proceso va a ser lento y gradual a través de la etapa de Primaria. Y durará toda la vida. En el lenguaje dialogado, los mensajes son breves, importa más la interacción que el contenido, hay un utilitarismo de la lengua que satisface nuestras necesidades inmediatas. El mensaje oral es un todo continuo e interactivo, por eso, cuando pedimos a un niño que escriba una redacción, suele escribir todo lo que se le va ocurriendo sin usar ni un punto ni una coma. Pero esa sería la primera etapa.

Si a hablar aprendemos escuchando y hablando con los demás, a escribir aprendemos leyendo y escribiendo. Si, además, aspiramos a hacerlo bien, hemos de reflexionar sobre nuestra práctica. Revisión y reflexión son los únicos antídotos contra el error sistemático que produce la ignorancia. El primer paso debe ser, pues, enseñar a estructurar los escritos mediante oraciones simples separadas por puntos y seguido. A continuación, notamos cómo los nexos coordinados, especialmente copulativos y adversativos, se usan con muchísima profusión; es normal porque son las primeras conjunciones que se aprenden y resultan las más eficaces para añadir unas ideas sobre otras y para expresar la contradicción o frustración frente a la realidad. Limitando este uso, poco a poco, debemos ampliar la gama de nexos a través de la lectura comentada y reflexiva para enriquecer y matizar la capacidad de expresar ideas. Todas las posibles relaciones lógicas se encuentran reflejadas en las conjunciones coordinadas y subordinadas. En este sentido, es lamentable la pobreza léxica de los cuentos infantiles en la primera etapa de Infantil, por ejemplo. Una tercera etapa, que puede ser coincidente con la anterior, sería la introducción de elementos expresivos en la redacción —signos de exclamación, interrogaciones, paréntesis, vocativos, etc.—[1]. Lamentablemente, el tiempo y la dificultad de corrección individualizada en el aula impide un mejor desarrollo de estas capacidades en las etapas de aprendizaje escolar.

Dicen que la lectura es suficiente, que quien lee mucho no tiene problemas en el uso de los signos de puntuación. En parte es cierto, pero solo en parte. Cuando leemos estamos solo atentos a la comprensión del contenido, la forma nos pasa desapercibida;

---

1 Estas son algunas de las conclusiones de la tesis doctoral realizada sobre el cuento infantil.

entendemos lo que se dice, pero no atendemos a cómo se dice. La buena noticia es que, a través de un sencillo ejercicio, podemos mejorar considerablemente nuestra eficacia. Se trata de un ejercicio que vengo recomendando a lo largo de los años a quienes, con interés, aún tienen dificultades. El ejercicio consiste en leer en voz alta durante dos o tres minutos diarios, prestando especial atención a los silencios y la modulación de la voz pero, y aquí está la clave de la eficacia del ejercicio, incluyendo en la lectura los signos de puntuación a modo de voz en «off». De esta forma, logramos asociar las pausas breves o largas con los signos de puntuación que les corresponden y aprendemos a utilizarlos de forma instintiva.

No obstante, si además queremos hacer un uso consciente y correcto, deberemos conocer las reglas que rigen su uso. Solo así aprenderemos a utilizar los signos de puntuación adecuadamente. El consultar en caso de duda es algo que debemos realizar como técnica base de trabajo intelectual. Pero, cuando realizamos un examen o, sencillamente, estamos escribiendo un texto, no siempre tenemos la posibilidad de realizar esa consulta y se impone el conocimiento preciso y sistemático. Esa es la utilidad de este manual.

Prácticas con signos de puntuación

INTRODUCCIÓN

¿Quién se ha leído las normas que rigen el buen uso de los signos de puntuación? ¿Quién sabe cuántas reglas existen para cada uno? Leerlas por leerlas resulta tedioso, excesivamente teórico. A los cinco minutos, lo más probable es que hayamos desconectado y nuestra mente divague. ¿Por qué no convertirlo en algo divertido, en un juego? La idea es convertir el estudio y el repaso en una especie de juego interactivo para que gradualmente vayamos mejorando e interiorizando estas normas. Para ello vamos a ir de la teoría a la práctica y de la práctica a la teoría en un viaje de ida y vuelta. En las diferentes sesiones se incluirán distintos apartados cuya realización nos llevará poco tiempo, pero que pondrán a prueba nuestros conocimientos y nuestra habilidad. En este sentido, importa mucho más la concentración eficaz que la duración. Si somos constantes, con pequeñas sesiones diarias podremos obtener unos magníficos resultados.

El libro está organizado en dos bloques diferenciados. En primer lugar, encontramos «18 Sesiones de Aprendizaje»; a continuación, «8 Sesiones de Ampliación con Grandes Autores». El criterio de organización de los ejercicios y contenidos los explicamos a continuación:

¿CÓMO REALIZAMOS LOS EJERCICIOS TEÓRICOS?

Se trata de una secuencia de 5 o 6 afirmaciones «trampa» relativas al uso de los signos de puntuación, reglas y características. Debes decidir si es o no correcta la afirmación, o si simplemente no lo sabes o no estás seguro. En el mismo libro, a continuación de la afirmación, anota «V» o «F». Te aconsejo que leas despacio cada una de las afirmaciones antes de responder para asegurarte de que las comprendes perfectamente. Cuando hayas acabado con las afirmaciones de la sesión, comprueba con el corrector si tus respuestas son o no las adecuadas. Un consejo práctico: cuando dudes de la respuesta, anótala como *no acertada* para consultar la regla correspondiente que aparece anotada en *el corrector*[2]. A través de este test de conocimiento podrás comprobar poco a poco tu nivel y revisar solo aquellas normas que te eran desconocidas, ahorrando tiempo y esfuerzo.

¿SABRÍAS CUÁL DE LAS 2 ES LA CORRECTA?

En este caso, te presentamos dos opciones, dos oraciones, para que elijas cuál de ellas es la correcta. Pero recuerda que puede darse el caso de que las dos sean correctas o incorrectas. Lo importante es que, si no tienes claro el porqué del uso en algún caso, puedas consultar el corrector que te llevará a la regla que debes consultar. Sabemos más de lo que creemos, este ejercicio te lo va a demostrar, pero también existen muchas reglas que, por ser poco frecuentes en su uso, nos pasan desapercibidas y resultan interesantes. Se trata de descubrirlas.

---

2 Encontrarás el corrector en el Capítulo II (comprueba que el capítulo sea el correcto.

14

¿CÓMO REALIZAMOS LOS EJERCICIOS PRÁCTICOS?

Cada sesión incorpora ejercicios prácticos en los que se te irá pidiendo que uses signos de puntuación concretos en cada apartado. El principio pedagógico utilizado es el de la gradualidad: vamos de lo simple (oraciones) a lo más complejo (textos). La clave está en que vamos arrastrando cada uno de los signos de puntuación vistos, de manera que cada sesión supone un repaso y una ampliación de contenidos. Al principio de cada ejercicio se te pedirá lo que debes hacer y el signo o signos que debes ubicar en el texto seleccionado en el ejercicio. Se recomienda, antes del inicio de cada ejercicio, que repasemos las reglas concretas que afectan a su realización. Conviene que se haga así para repasar, ampliar y afianzar los conocimientos poco a poco. Una vez finalizado el ejercicio, el corrector te dirá si has cometido un error y qué regla debes consultar para mejorar. Aunque algunos signos de puntuación son obligados —el uso de la coma con los vocativos, por ejemplo—, otros serán opcionales y dependerá del estilo propio, como sucede con aquellos que dependen de la extensión de la oración; se trata de una percepción subjetiva. Lo importante es que el corrector te indicará dónde podrías haber usado un signo concreto y por qué. En caso de error o duda, te remitirá a la regla que debes consultar para comprender el uso y mejorar tu estilo.

El modo correcto, pues, consta de cuatro pasos:

1. **Previo:** Repaso de las reglas concretas que atañen al ejercicio (lectura).

2. **Ejecución:** Situamos los signos de puntuación en su lugar correspondiente.

3. **Corrección:** Comprobamos los resultados con el corrector y repasamos los errores y las diferencias consultando las reglas de aplicación.

4. **Lectura en voz alta con la debida entonación.** Este paso consiste en leer el texto en voz alta con la adecuada entonación una vez colocados correctamente los signos de

puntuación. Recordemos que los signos de puntuación no son sino una notación gráfica a través de la cual tratamos de reproducir la entonación que realizamos de forma natural cuando hablamos. Es posible que la propuesta realizada no coincida con la que aparece en el corrector, en ese caso, leamos las dos propuestas en voz alta tratando de sentir cuál nos parece más adecuada.

Te recomiendo que en esta lectura en voz alta incluyas los signos de puntuación para asociar de forma inconsciente las pausas y la calidad de las mismas con las curvas tonales que realizas al hablar. Este ejercicio, practicado durante dos o tres minutos diarios a lo largo de un trimestre, por ejemplo, mejorará enormemente tu redacción. Pero es importante que no uses siempre los mismos textos, dado que las distintas formas de expresión condicionan qué signos usamos con más o menos frecuencia. En una narración, por ejemplo, el guion aparecerá pocas veces, solo para introducir la voz del narrador. En cambio, en un diálogo, cada una de las intervenciones irá precedida de uno. Los signos de interrogación y exclamación intervendrán mucho más en un diálogo que en un ensayo, por ejemplo. Alterna, pues, en este ejercicio textos narrativos, argumentativos y dialogados. Se trataría de leerlo así, paréntesis incluidos:

Ejemplo: «Rosas, (coma) azahares (coma), lirios, (coma), alhelíes o naranjos; (punto y coma) ¡(admiración) miles de flores! (cierra admiración)...».

8 SESIONES DE AMPLIACIÓN CON GRANDES AUTORES

En este apartado encontrarás ocho textos escritos por grandes autores de nuestra literatura. En este caso, se te plantearán cuestiones relativas al uso de los signos de puntuación que el autor ha hecho en el texto y que deberás responder. Para ello, tendrás que consultar las reglas y también intuir, en algunos casos, los matices que conllevan las variaciones introducidas por nuestros autores.

Como en los casos anteriores, las respuestas a las preguntas planteadas las encontrarás en el corrector.

¿CÓMO CORREGIMOS LOS EJERCICIOS?

En el corrector encontrarás las respuestas a las afirmaciones planteadas en el apartado teórico, también las oraciones o los textos debidamente puntuados propuestos en el apartado práctico y de desarrollo. Detrás de cada respuesta o signo de puntuación utilizado aparece entre paréntesis la regla de referencia que justifica su uso; por ejemplo, (R. 45). Esto significará que, en caso de duda o error, deberás consultar la regla número 45. Para lograr este índice de referencias, hemos numerado todas y cada una de las reglas de uso de los signos de puntuación, un total de 135 que podrás localizar fácilmente en el apartado teórico (2.º capítulo).

Ejercicios sobre signos de puntuación

1.ª SESIÓN[3]

Teoría:

Decide si es verdadero o falso lo que se dice en cada una de las siguientes frases:

1. *Los signos de puntuación simples se colocan inmediatamente detrás de la palabra a la que siguen sin dejar espacio.*

2. *Aunque las oraciones interrogativas sean largas y yuxtapuestas, nunca debemos separarlas por punto y coma, el signo de cierre de la interrogación es suficiente para expresar esa pausa.*

3. *Usamos la coma en los comienzos de las cartas para separar el lugar de la fecha, así: «La Carlota, 29 de diciembre de 2008».*

4. *Dentro del paréntesis no debemos usar signos de puntuación, son aclaraciones breves por definición.*

5. *No se usa la coma detrás de los puntos suspensivos, simplemente dejamos un espacio y seguimos escribiendo en minúscula.*

---

3   Ver corrección de los ejercicios en la página 77.

¿Sabrías cuál de las dos es la correcta?

1 A: Los (-as) alumnos(-as) deberán formalizar su matrícula antes del día 30.

1 B: Los/as alumnos/as deberán formalizar su matrícula antes del día 30.

2 A: ¿Estás estrenando coche!

2 B: ¡Estás estrenando coche?

3 A: A los niños les alimenta el sueño: a un adulto le bastan seis horas, pero un niño necesita entre diez y doce horas de sueño al día.

3 B: A los niños les alimenta el sueño, a un adulto le bastan seis horas, pero un niño necesita entre diez y doce horas de sueño al día.

4 A: Perdona Juan, ¿puedes decirme la hora?

4 B: Perdona, Juan ¿puedes decirme la hora?

Práctica:

En las siguientes oraciones, sitúa las comas donde puedan corresponder correctamente. Sería conveniente que estudiaras las reglas de uso de la coma en la parte teórica antes de empezar a desarrollar el ejercicio (R. 17-41):

1. Llegué al aeropuerto tomé un taxi me alojé en el hotel.

2. El agua transparente dejaba ver las piedras del fondo.

3. Considerando las pruebas aportadas deberemos reconsiderar el proceso.

4. Aquellos alumnos que no regresarían se despidieron con una sonrisa.

5. Entregaré el trabajo mañana conque no puedo descansar nada.

6. Mi abuelo paterno Pedro falleció con sesenta y siete años.

7. ¡Los filetes de ternera de primera los compraron a 4,90 €!

8. El director un hombre servicial nos resolvió el problema rápidamente.

9. Habréis de estar no obstante muy atentos a los resultados.

10. Tenemos que hacer algo para solucionar el problema es decir debemos encontrar otro trabajo para ella.

11. Todos estaríamos allí comentó Antonio malhumorado.

12. A pesar de todo la decisión de seguir adelante con el plan es firme.

13. El jueves por la mañana estamos citados para ir al médico.

14. El mercado según afirmó ayer el director del Banco de España deberá ajustarse a las circunstancias de cada momento.

15. El mar que cada vez rugía con más violencia se elevó sobre el barco.

16. Si no tienes nada más que decir puedes retirarte.

17. Cuando llegues a la playa ¿qué es lo primero que harás?

2.ª SESIÓN[4]:

Teoría:

Decide si es verdadero o falso lo que se dice en cada una de las siguientes frases:

1. *El guion doble no es ningún signo de puntuación.*

2. *Como son tan frecuentes, los diálogos en los textos narrativos no se entrecomillan, simplemente se usa el guion para introducir cada intervención de los personajes.*

3. *Cuando en una abreviatura aparece la barra (/), el punto lo pondremos detrás de la barra, por ejemplo: C/. Deanes n.º 14.*

4. *Podemos combinar los signos de interrogación y exclamación en una misma oración, en ese caso situaremos los de exclamación fuera y los de interrogación dentro, así: ¡¿...?!*

5. *Nunca usaremos coma para separar el nombre del apellido al citar a una persona, da igual el orden. Por ejemplo: «José Antonio Bermudo» o «Bermudo José Antonio».*

¿Sabrías cuál de las dos es la correcta?

5 A: Mañana, ven temprano para aprovechar más el tiempo.

5 B: Mañana ven temprano para aprovechar más el tiempo.

6 A: Próximo viaje a Madrid. Salida a las 15:00? horas.

6 B: Precio, 15 €?

7 A: Se acostó a las cinco, por la mañana no había quien lo levantara.

---

4   Ver corrección de los ejercicios en la pág. 79.

7 B: Se acostó a las cinco: por la mañana, no había quien lo levantara.

8 A: Todos los herederos fueron convocados por el notario (se disponía de seis meses [plazo legal fijado por Hacienda] para realizar la Escritura) antes del vencimiento del cuarto mes a contar desde el fallecimiento.

8 B: Todos los herederos fueron convocados por el notario (se disponía de seis meses (plazo legal fijado por Hacienda) para realizar la Escritura) antes del vencimiento del cuarto mes a contar desde el fallecimiento.

Práctica:

En las siguientes oraciones, sitúa las comas donde puedan corresponder correctamente (repasa rápidamente las reglas de uso de la coma antes de empezar):

1. Oídas las declaraciones concluyó el juez no había más que añadir.

2. Para prevenir el cáncer de piel evita tomar el sol sin protección.

3. Te llamaré cuando llegue allí así que deja el móvil conectado.

4. Para aprobar tu carrera ¿cuántas horas estudias al día?

5. Tráete de la tienda huevos patatas cebollas ajos y aceite.

6. María, llama a tu hermano que vamos a comer.

7. No tendría la más mínima posibilidad de aprobar la asignatura porque lo habían examinado tres veces y suspendió.

8. ¡Vete ya Carmen! que no voy a repetírtelo dos veces.

9. Ernesto Julián Pedro y Esteban serán los profesores acompañantes en la excursión.

10. Póntelo porque refresca mucho y puedes enfermar.

11. Prepararemos una gran fiesta pero no digas nada para que sea una sorpresa.

12. Íbamos bajando cuando va Lola y ¡pataplán! se cayó en la rampa.

13. Pedrito tenía dos perros y Lola un gato.

14. Con cuatro tornillos y un alambre nadie sabe cómo construyó un coche que andaba.

15. Tenía juventud iniciativa y ganas de trabajar y no quería decepcionar a su padre.

16. El primer coche estaba demasiado estropeado y el segundo viejo.

17. Todas las circunstancias acaecidas tras los últimos atentados perpetrados en Mallorca han obligado a la Policía a extremar la vigilancia.

Teoría:

Decide si es verdadero o falso lo que se dice en cada una de las siguientes frases:

1. *Cuando hacemos listas y catálogos, separamos lo genérico de lo particular con una coma, por ejemplo: «Taller de coches, pintura».*

2. *Solo debemos usar un signo de cierre de admiración. Usar dos o más de dos signos de cierre es incorrecto.*

3. *Al representar la hora, podemos separar por dos puntos la cifra que expresa la hora de la que expresa los minutos, por ejemplo: 9:50 a. m.*

4. *Es un error frecuente agrupar signos de interrogación y exclamación, no debe hacerse, es incorrecto.*

5. *El guion corto nos sirve para introducir la voz del narrador en las narraciones, cuando no es necesario usar raya en cada una de las intervenciones de los personajes.*

¿Sabrías cuál de las dos es la correcta?

9 A: Vete de una vez que aquí estás estorbando.

9 B: Vete de una vez, que aquí estas estorbando.

10 A: Realizaré un plan de mejora, es decir, estudiaré cómo superar los actuales rendimientos.

10 B: Realizaré un plan de mejora, es decir estudiaré cómo superar los actuales rendimientos.

---

5   Ver corrección de los ejercicios en la pág. 80.

11 A: Nos sirvieron sardinas, chanquetes, calamares….. Aquello fue un festín.

11 B: Nos sirvieron sardinas, chanquetes, calamares… Aquello fue un festín.

12 A: Tenía que salir corriendo, era su última oportunidad de escapar.

12 B: Tenía que salir corriendo: era su última oportunidad de escapar.

Práctica:

En las siguientes oraciones, sitúa las comas donde puedan corresponder correctamente (repasa brevemente las reglas de uso de la coma antes de empezar):

1. Juventud divino tesoro te vas para no volver.

2. Para arreglar esa ventana ¿a quién vas a llamar?

3. Los nietos ¡qué alboroto! irrumpieron en el salón corriendo.

4. Búscalo en la guía como «Almacenes electrodomésticos lavadoras».

5. Los exámenes se realizarán durante la primera semana del mes de septiembre y la no asistencia supondrá la pérdida del derecho a la evaluación.

6. No llegaríamos a Miño antes del anochecer por lo tanto más valía buscarse un refugio pronto.

7. Se llamaron de todo se tiraron de los pelos se dieron de patadas y se quedaron en paz.

8. Los alumnos de cuarto irán a Italia y nosotros a París.

9. Antonio Esteban el profesor de música dará un recital mañana.

10. María salga usted a la pizarra.

11. Respira come duerme ríe llora vive.

12. Tenía muy buena intención pero eligió un mal momento.

13. Debemos movernos en el hielo cuando aún podemos porque permanecer quieto es la muerte.

14. El muchacho era alto fuerte moreno y patizambo.

15. Y el profesor que me tenía ganas me mandó al director.

16. Cuando hayas terminado tus estudios ¿qué vas a hacer?

4.ª SESIÓN[6]:

Teoría:

Decide si es verdadero o falso lo que se dice en cada una de las siguientes frases:

1. *Es incorrecto usar el punto para significar multiplicación en las expresiones matemáticas, con ese significado debe usarse el signo «x».*

2. *Los corchetes sirven para introducir incisos aclaratorios o explicativos en frases que ya van entre paréntesis.*

3. *Podemos usar el apóstrofo para abreviar una fecha, en sustitución de los dos primeros dígitos, por ejemplo: EXPO'92.*

4. *Para introducir incisos breves, comentarios aclaratorios que guardan poca relación con la oración, usaremos el paréntesis.*

5. *Si la enumeración es muy larga y podríamos continuar muchísimo tiempo, para dejar constancia de ello, usaremos los puntos suspensivos detrás de la abreviatura «etc.».*

¿Sabrías cuál de las dos es la correcta?

13 A: Por fin llegamos a la Catedral de Córdoba, ¡qué maravilla!

13 B: Por fin llegamos a la Catedral de Córdoba ¡qué maravilla!

14 A: José Antonio Marina afirma: Para educar a un niño se necesita toda una tribu.

14 B: José Antonio Marina afirma: «Para educar a un niño se necesita toda una tribu».

---

6   Ver corrección de los ejercicios en la pág. 82.

15 A: Me encontré un anillo, un reloj, una cartera y una pulsera.

15 B: Me encontré un anillo, un reloj, una cartera, y una pulsera.

16 A: Julio, ¡qué grande eres!

16 B: Julio, qué grande eres!

Práctica:

En las siguientes oraciones, sitúa coma y punto y coma donde puedan corresponder correctamente. Sería importante que estudiaras las reglas de uso del punto y coma en el apartado teórico del libro antes de empezar a desarrollar estos ejercicios (R. 42):

1. Aquella gente tenía talento tiempo y ganas de aprender yo recién llegado no tenía otra cosa que hacer.

2. Justo cuando íbamos a salir ¡mira tú por dónde! apareció tu madre así que no me digas que no la habías avisado porque no me lo creo.

3. Ella tenía juventud y yo una vida a cuestas ella tenía ganas de vivir y yo paciencia yo no la tenía más que a ella y ella el mundo a sus pies.

4. El asunto era que mi novia un bellezón impresionante me llamaría a eso de la tres y media pero yo no estaría allí cuando ella llamara y necesitaba una buena excusa o aquello habría terminado definitivamente.

5. Cuando la muerte pise mi huerto ¿quién firmará que he muerto de muerte natural? ¿quién vendrá a mi entierro? cuando las campanas doblen en mi funeral ¿quién rezará por mí?

6. ¡Niños que nos vamos! Juan que tienes que recoger la toallas Pedro ven aquí que te peine Enrique ayuda a tu hermano que no sabe dónde tiene la cabeza.

7. Tenía demasiadas tareas pero ningún deseo de hacer otra cosa que no fuera estar tumbado es decir sabía lo que debía hacer pero no quería.

8. Con los niños de los demás era un santo y tenía toda la paciencia del mundo pero con los suyos propios al menor problema saltaba como un energúmeno.

9. Aclaradas la dudas si alguien tiene que ir al baño puede hacerlo ahora si no no podréis ir hasta que acabe el examen.

10. Elena y Pedro irían a por las entradas Inma y Juan a por las hamburguesas y Pepe y Lola a por las bebidas.

Teoría:

Decide si es verdadero o falso lo que se dice en cada una de las siguientes frases:

1. *Para significar división en una expresión matemática no basta con usar dos puntos, debemos colocar un guion entre los puntos.*

2. *Las palabras compuestas no lexicalizadas se separan mediante una raya simple (no un guion).*

3. *Podemos usar las comillas cuando citamos morfemas, sílabas o palabras, para separarlas así de la secuencia discursiva de la oración.*

4. *Nunca usaremos el punto detrás del signo de cierre de interrogación.*

5. *Nunca usaremos los corchetes para las acotaciones en textos teatrales, es un uso reservado al paréntesis.*

¿Sabrías cuál de las dos es la correcta?

17 A: Muy Sres. Nuestros: el motivo de la presente carta es informarles de...

17 B: Muy Sres. Nuestros, el motivo de la presente carta es informarles de...

18 A: Córdoba 27 de abril de 2020

18 B: Córdoba, 27 de abril de 2020

---

7   Ver corrección de los ejercicios en la pág. 83.

19 A: Ella alzaba lo ojos y movía la cabeza, denegando.

19 B: Ella alzaba lo ojos y movía la cabeza denegando.

20 A: ¡Cómpratelo, hombre! ¡Date el capricho! —insistía Antonio—. «De seguir así —pensó Ignacio— no me quedará dinero para comer mañana». No gracias, no me apetece ahora —respondió intentando parecer tranquilo.

20 B: «¡Cómpratelo, hombre! ¡Date el capricho!» —insistía Antonio—. De seguir así —pensó Ignacio— no me quedará dinero para comer mañana. «No gracias, no me apetece ahora» —respondió intentando parecer tranquilo.

Práctica:

En las siguientes oraciones, sitúa coma y punto y coma donde puedan corresponder correctamente. Te recomiendo que primero sitúes las comas —los puntos están puestos—, y luego veas cuáles deberían ser sustituidas por punto y coma (repasa las reglas de uso del punto y coma):

1. Podrían hacer cambiar de idea a su madre sentimental y sensiblera su padre aquel ogro con cara de melón era otra historia.

2. No tendrían que cruzar el río aquella noche opinaba María no tenían más remedio que atravesarlo afirmaba Esteban.

3. ¡María sal de una vez del cuarto de baño! ¡arréglate en tu cuarto niña! ¡deja ya que los demás alguna vez podamos usar la ducha! ¿vale?

4. Sin embargo cuando ya estaba a punto de irme llegó ella ¡qué maravilla tan inesperada! repartiendo sonrisas a diestro y siniestro aunque la esperaba no pude evitar sentir un nudo en la boca del estómago y para colmo los pies se me habían quedado clavados en el suelo.

5. Por mucho que le apeteciera no se acercaría a su antigua casa la casa de sus padres es curioso cómo la memoria juega con nosotros porque había conseguido superar la pérdida de sus padres pero no la de aquella casa que lo vio crecer.

6. Por una parte teníamos la posibilidad de regresar a casa aquella misma tarde por otra la posibilidad de continuar con la caminata hasta lograr nuestro objetivo.

7. Anduvieron las calles de la vieja judería adormecida por los cuartos de la torre de la catedral y los olores enloquecidos de los jazmines se detuvieron en cada tienda en cada esquina en cada blancura salpicada del sol de la siesta entraron por fin en casa de Rafael Moral y se recrearon entre los capotes y los trajes de luces que guardaba en el sótano fresco solo al alcance de unos cuantos amigos detrás de una sonrisa de cristal.

8. Con una buena sonrisa ganarás un amigo para un día pero con lealtad ganarás un amigo para toda la vida.

9. Si las mirabas desde arriba las sardinas parecían tan oscuras como la arena del fondo del mar si las mirabas desde abajo las escamas blancas de su vientre se confundían con la claridad del cielo.

10. Al llegar a Italia ¿adónde irás? ¿has pensado en la ruta que vas a seguir? ¿tienes dónde alojarte o vas a la aventura?

6.ª SESIÓN[8]:

Teoría:

Decide si es verdadero o falso lo que se dice en cada una de las siguientes frases:

1. *Si queremos concretar un dato, sin romper el hilo del discurso, número de página, fecha de un BOJA, artículo concreto de un código, etc., nunca usaremos paréntesis, lo encerraremos entre guiones.*

2. *En español es obligatorio el uso del signo de apertura y cierre en las oraciones interrogativas directas. Debemos evitar usar solo el signo de cierre.*

3. *Solo cuando el sujeto es muy extenso podemos separarlo del predicado por una coma.*

4. *Entre otros usos, con el guion corto separamos la palabra a final de renglón cuando no nos cabe entera en la línea.*

5. *Para señalar en el texto el uso intencionado de un término por distintos motivos (empleo de un vulgarismo, de un extranjerismo, de un tecnicismo inusual, de un neologismo, de un término irónico, etc.), subrayaremos el vocablo.*

6. *Para representar la hora, es correcto usar el punto para separar la cifra que expresa la hora de aquella que expresa los minutos.*

¿Sabrías cuál de las dos es la correcta?

21 A: ¡Durante el partido, qué pesada se puso!

21 B: Durante el partido, ¡qué pesada se puso!

---

8   Ver corrección de los ejercicios en la pág. 83.

22 A: Y, entonces, gritó: «Eso no te lo perdono».

22 B: Y, entonces, gritó, «Eso no te lo perdono».

23 A: Aranda Aguilar, José Carlos.

23 B: Aranda Aguilar José Carlos.

24 A: Pedro tenía una buena justificación para no hacerlo; pero Juan, ninguna.

24 B: Pedro tenía una buena justificación para no hacerlo; pero Juan ninguna.

Práctica:

En las siguientes oraciones, sitúa coma, punto y coma y dos puntos donde puedan corresponder correctamente. Te recomiendo que sigas el orden que llevamos en los ejercicios: primero, sitúa las comas; más tarde, observa cuáles deberían ser sustituidas por punto y coma; y, por último, sitúa los dos puntos. Sería interesante, antes de empezar con esta tanda de ejercicios, repasar las reglas de uso de los dos puntos en el apartado teórico (43-51).

1. Con el teatro Jacinto Benavente con la poesía Juan Ramón Jiménez con la narrativa Camilo José Cela estos tres autores lograron el premio Nobel.

2. Yo Andrés Pérez Jiménez vecino de Córdoba con DNI n.º 30.345.564 V con domicilio en C/ Machaco n.º 8, 3-3

EXPONGO

— Que me he mudado a esta ciudad recientemente.

— Que adjunto contrato de arrendamiento sobre mi residencia habitual.

SOLICITO

Ser empadronado en la ciudad a los efectos oportunos.

3. «Dime con quién andas y te diré quién eres» mira a Juan que empezó con las bromas de sus amiguitos por la feria con las

litronas con los canutos con las noches en blanco y acabó como todos ellos tonto y tirado en una acera.

4. El gran mago Merlín el Encantador en su libro *Sortilegios terrae* conservado en la Biblioteca de Medina Azahara afirma «Las noches de luna llena son puertas abiertas entre los mundos que podemos utilizar pero ¡cuidado! pueden también ser utilizadas para menoscabar nuestro poder antes del atardecer hemos de esparcir romero recién cortado por el suelo para crear un aura defensiva en torno a nuestra alcoba».

Teoría:

Decide si es verdadero o falso lo que se dice en cada una de las siguientes frases:

1. *Cuando transcribimos un texto, podemos usar los corchetes para introducir notas aclaratorias o añadidos del transcriptor, o para completar palabras abreviadas o borrosas.*

2. *Detrás del signo de interrogación no debemos usar punto, coma ni punto y coma.*

3. *Cuando interrumpimos una oración con puntos suspensivos, siempre se reinicia en minúscula después de los puntos.*

4. *El paréntesis puede usarse para encerrar, en textos teatrales, las acotaciones que realiza el autor.*

5. *Si usamos un vocativo delante de una oración interrogativa, quedará dentro de la interrogación: ¿Juan, qué quieres?*

¿Sabrías cuál de las dos es la correcta?

25 A: El artículo de José Tintero titulado La actividad cerebral en casos de coma está recogido junto con otros en la revista "Medical Center", de Nueva York.

25 B: El artículo de José Tintero titulado «La actividad cerebral en casos de coma» está recogido junto con otros en la revista *Medical Center*, de Nueva York.

26 A: ¡Levantemos la voz contra las injusticias!

26 B: Contra las injusticias, ¡levantemos la voz!

---

9   Ver corrección de los ejercicios en la pág. 86.

27 A: El verbo permite situar la acción en el tiempo: amo —presente—, amé —pasado—, amaré —futuro—.

27 B: El verbo permite situar la acción en el tiempo; amo —presente—, amé —pasado—, amaré —futuro—.

28 A: El billete costaba 2:50 €.

28 B: El billete costaba 2,50 €.

Práctica:

En las siguientes oraciones, sitúa coma, punto y coma y dos puntos donde puedan corresponder correctamente. Te recomiendo que sigas el orden que llevamos en los ejercicios: primero, sitúa las comas; más tarde, observa cuáles deberían ser sustituidas por punto y coma; y, por último, sitúa los dos puntos (vuelve a repasar las reglas de uso de los dos puntos antes de iniciar este ejercicio).

1. Se compró aquel bolso rojo el que llevó a tu fiesta de cumpleaños después se compró un reloj ¡qué cosa más bonita! uno de marca también rojo con la esfera rosita después llegó a la mesa un inmigrante de esos que van cargados de cosas por las playas y le compró unas gafas de sol enormes cuando llegó la hora de pagar la comida se había quedado sin dinero.

2. Hablamos de posición explosiva en la sílaba cuando el sonido aparece abriendo la sílaba por ejemplo el sonido «p» en la sílaba «pa». Posición implosiva cuando el sonido aparece cerrando sílaba por ejemplo el sonido «r» en la sílaba «por». Y por último posición trabada cuando el sonido consonántico se encuentra entre una consonante explosiva y la vocal por ejemplo la consonante «l» en la sílaba «plan».

3. En aquella reunión teníamos que decidir dos asuntos el primero si cerrábamos o no la empresa y el segundo si disolvíamos o no la sociedad.

Teoría:

Decide si es verdadero o falso lo que se dice en cada una de las siguientes frases:

1. *Es un error utilizar las comillas para acotar diálogos introducidos en la narración en estilo indirecto.*

2. *En los encabezamientos de las cartas, podemos separar el vocativo de cortesía del cuerpo del texto por una coma, por ejemplo: «Estimado Sr., nos dirigimos a...».*

3. *Es un error extendido el uso de los corchetes con puntos suspensivos para indicar la supresión de un fragmento de texto en una cita; este uso está reservado al paréntesis.*

4. *Usamos el apóstrofo para separar los números enteros de los decimales en la expresión de una cifra. Por ejemplo: 2'1416.*

5. *Si a un paréntesis le sigue una palabra, dejaremos un espacio entre el cierre del paréntesis y la palabra, pero si aparece otro signo de puntuación (punto, coma, punto y coma, puntos suspensivos, etc.) no dejaremos ningún espacio entre ellos.*

6. *El signo de puntuación que aparece detrás de una interrogación se escribe a continuación sin dejar espacios intermedios.*

¿Sabrías cuál de las dos es la correcta?

29 A: Llegué, vi, vencí.

29 B: Llegué; vi; vencí.

---

10 Ver corrección de los ejercicios en la pág. 87.

30 A: «Amar» es un verbo de la primera conjugación.

30 B: Amar es un verbo de la primera conjugación.

31 A: ¡Niño, no me hables!

31 B: Niño, ¡no me hables!

32 A: Todos los días me levanto a las 7:45 AM

32 B: Todos los días me levanto a las 7,45 AM

Práctica:

En las siguientes oraciones, sitúa coma, punto y coma y dos puntos donde puedan corresponder correctamente. Te recomiendo que sigas el orden que llevamos en los ejercicios: primero, sitúa las comas; más tarde, observa cuáles deberían ser sustituidas por punto y coma; y, por último, sitúa los dos puntos (vuelve a repasar las reglas que rigen el uso de los dos puntos antes de iniciar el ejercicio).

1. Tuvimos que quedarnos a dormir una noche más el vuelo lo habían retrasado por la nieve las carreteras ¡qué desastre! las habían cortado y de cualquier forma cuando quisimos arrancar el coche no hubo manera.

2. En español existen tres conjugaciones verbales primera conjugación verbos terminados en «-ar» segunda conjugación verbos terminados en «-er» y tercera conjugación verbos terminados en «-ir».

3. Querida Lola Hemos llegado muy bien de nuestro crucero por el Mediterráneo esto es un paraíso aunque balanceado tu padre se ha pasado medio viaje en el baño vomitando pero tendrías que haber visto su cara de niño delante de cada piedra y cada atardecer llegaremos el martes a las 8. Te llamaré. Un besote muy fuerte.

Teoría:

Decide si es verdadero o falso lo que se dice en cada una de las siguientes frases:

1. *El punto, entre otros usos, lo empleamos para separar los números enteros de los decimales en la expresión de una cantidad, por ejemplo: «El valor de «pi» es 3.1416».*

2. *Para aclarar el significado de un extranjerismo o un neologismo poco habitual introduciremos la traducción entre corchetes.*

3. *En las enumeraciones, para introducir cada uno de los elementos enumerados, usaremos paréntesis dobles o simples de cierre, nunca guiones.*

4. *Es un error muy frecuente usar comillas a modo de abreviatura en listas para evitar la repetición de una palabra o frase, debemos evitarlo.*

5. *Cuando usamos un vocativo en una oración interrogativa y se sitúa al final, quedará dentro de la interrogación y separado del resto de la frase por una coma: ¿Qué vas a tomar, Juan?*

¿Sabrías cuál de las dos es la correcta?

33 A: Los profesores especialistas en la materia disertaron sobre el tema.

33 B: Los profesores especialistas en la materia, disertaron sobre el tema.

---

11 Ver corrección de los ejercicios en la pág. 93.

34 A: Procura entusiasmar a los alumnos, lograr un buen feedback.

34 B: Procura entusiasmar a los alumnos, lograr un buen «feedback».

35 A: Tú tienes veinticinco años y yo, veintitrés.

35 B: Tú tienes veinticinco años y yo veintitrés.

36 A: 9 : 3 =2
36 B: 9 / 3 = 2

Práctica:

En los siguientes textos, sitúa coma, punto y coma, dos puntos y puntos suspensivos donde puedan corresponder correctamente. Te recomiendo que sigas el orden que llevamos: primero, sitúa las comas; después, comprueba cuáles deberían sustituirse por punto y coma; sitúa los dos puntos y, por último, estudia dónde podrían situarse los puntos suspensivos. Sería muy interesante, antes de comenzar este ejercicio, leer las reglas de uso de los puntos suspensivos (R. 54-64):

1. Ahora tenía la oportunidad de estudiar una carrera había aprobado selectividad sus padres estaban dispuestos a seguir pagando sus estudios era joven todo estaba a su favor. Teniéndolo todo ¿por qué se sentía angustiado? Podía triunfar en los estudios pero y si trabajaba como un burro y no lograba aprobar y si todo aquello no servía para nada ¿qué haría entonces?

2. Julián va y le dice a María «¡Quién a buen árbol se arrima buena sombra le cobija!» Y María sin inmutarse va y le responde «¡No por mucho madrugar»! Todos nos reímos de Julián ¡a ver qué íbamos a hacer! y es que María es una hija de más vale no cruzarse con ella.

3. Ahora que por fin le había declarado su amor todo cambiaría todo sería diferente todo debía calmarse tranquilizarse serenar su ánimo estaba demasiado excitado para pensar con claridad

y ahora ¡esa era la clave! debía pensar con más calma que nunca si no quería meter la pata. Una cosa había cierta esta era la oportunidad que había estado esperando.

Teoría:

Decide si es verdadero o falso lo que se dice en cada una de las siguientes frases:

1. *Si vemos unos puntos suspensivos encerrados entre paréntesis, significa que falta un trozo de la cita textual que se está haciendo.*

2. *Cuando usamos un signo de puntuación simple, la palabra que le sigue se coloca inmediatamente detrás sin espacio intermedio.*

3. *Si a la interrogativa sigue una oración independiente, escribiremos la primera palabra en mayúscula y no dejaremos espacio entre el inicio de la nueva oración y el signo de cierre de la interrogación.*

4. *En las interrogativas parciales («¿Qué vas a comprarte?»), lo fundamental es usar los signos de apertura y de cierre de la interrogación y enmarcar toda la oración por muy larga que sea.*

5. *El párrafo es un signo que se coloca, como su propio nombre indica, al principio de los párrafos que componen un capítulo para separar con claridad cada una de las partes.*

6. *A veces, se usa correctamente el guion uniendo palabras relacionadas entre sí, con valor cercano a la preposición, por ejemplo: AVE Madrid-Sevilla.*

---

12 Ver corrección de los ejercicios en la pág. 94.

¿Sabrías cuál de las dos es la correcta?

37 A: Estimado Miguel, te escribo para ponerte al corriente de la última noticia.

37 B: Estimado Miguel: te escribo para ponerte al corriente de la última noticia.

38 A: De ser cierto tendríamos que salir mañana (= si fuera cierto).

38 B: De ser cierto, tendríamos que salir mañana.

39 A: La directora ordenó que el centro se mantuviera abierto.

39 B: La directora ordenó que «el centro se mantuviera abierto».

40 A: ¡Qué desfachatez! ¡Cuánta ignorancia! ¡Pobre hombre!

40 B: ¡Qué desfachatez! ¡cuánta ignorancia! ¡pobre hombre!

Práctica:

En los siguientes textos, sitúa coma, punto y coma, dos puntos y puntos suspensivos donde puedan corresponder correctamente (repasa el uso de los puntos suspensivos):

1. Sabía que no podía pedir ayuda su marido y sus hijos estaban en la maldita fiesta del colegio. Había salido arrastrándose de la habitación en cuanto oyó los primeros ruidos en la planta baja había seguido el pasillo conteniendo la respiración y deteniéndose a cada segundo para escuchar había logrado llegar hasta el armario ropero que había junto al baño y se había acurrucado cerrando la puerta con mucho cuidado. Solo un hilo de luz entraba por la cerradura, tenía la sensación de que los latidos de su corazón se oirían más allá de la puerta por toda la planta por toda la casa y la cerradura comenzó lentamente a girar.

2. Todas las virtudes son importantes la fe la fortaleza la templanza pero si me preguntaras cuál es mi favorita te diría que la esperanza. Creo que es la esperanza la que con su luz alimenta

y da cobijo a todas las demás para que puedan crecer en nuestro corazón.

3. Estaba serio mirando al suelo con la mirada fija en un punto más allá de cualquier parte. «¿Qué piensas hacer ahora?» —preguntó el padre con un hilo de voz—. «Algo haremos somos jóvenes y en cualquier par...». «¡No digas gilipolleces! Estás hablando con tu padre —gritó a su hijo con los ojos abiertos como platos y la venas del cuello rompiéndole la camisa—. Pero ¿tú qué sabes de la vida imbécil? acabas de condenarte de por vida por una mierda» —su tono había cambiado y ahora se miraba las manos y subía los hombros con la impotencia del fracasado.

11.ª SESIÓN[13]:

Teoría:

Decide si es verdadero o falso lo que se dice en cada una de las siguientes frases:

1. *Cuando detrás de las comillas se coloca punto, el punto irá siempre detrás de las comillas, salvo si la frase aparece aislada, en cuyo caso se situará dentro.*

2. *En el lenguaje administrativo, es frecuente el uso del paréntesis para introducir variables de una misma palabra, como género o número, por la exhaustividad de la norma. Por ejemplo: el (los) año (-s) que... el (la) alumno (-a) que...*

3. *Existen tres tipos de comillas: las españolas, las inglesas y las simples.*

4. *Al anotar un año, para mayor claridad, separaremos los millares de las centenas con un punto, por ejemplo: «Este libro se publicará en el 2022».*

5. *Toda abreviatura se cierra con un punto, sin excepciones, por ejemplo: «pág.».*

¿Sabrías cuál de las dos es la correcta?

41 A: Había de todo. Compré tornillos, tuercas, arandelas, herramientas.

41 B: Había de todo. Compré tornillos, tuercas, arandelas, herramientas...

42 A: Antes de anochecer, llegaremos a Miño, ¡ya verás!; allí buscaremos el hotel, ya tenemos hecha la reserva.

---

13 Ver corrección de los ejercicios en la pág. 45.

42 B: Antes de anochecer, llegaremos a Miño, ¡ya verás!, allí buscaremos el hotel, ya tenemos hecha la reserva.

43 A: Sin embargo, hay reglas que siempre se cumplen en el uso de la coma.
43 B: Sin embargo hay reglas que siempre se cumplen en el uso de la coma.

44 A: Trabaja en el «Parlamento de Andalucía».
44 B: Trabaja en el Parlamento de Andalucía.

Práctica:

En el siguiente texto, sitúa coma, punto y coma, dos puntos, puntos suspensivos y signos de interrogación donde puedan corresponder correctamente. Estudia las reglas de uso de los signos de interrogación antes de iniciar el ejercicio (R. 65-74):

Texto:

—Cuánto dinero tienes ahorrado para el viaje —preguntó su amigo mientras apuraban el último sorbo de un café ya frío.

—No lo sé exactamente unos mil euros quizá.

—En la agencia de mi primo hay una oferta a Méjico quieres que le pregunte—insistió con gesto de querer agradar.

—No gracias, no es necesario pero sabes lo que me gustaría que hicieras No sé si pedírtelo —Julián tomó aquello como un signo de buena suerte. Si empezaba a confiar en él

—No dime lo que tú quieras.

—Pues que me cuidaras a Fuffy mientras estoy de viaje.

Había pasado de amante en ciernes a cuidador de perros ¡uf! cómo había ocurrido en qué momento se había convertido en un pagafantas tenía solución o era una condena de por vida La muy c Todo el rato lo había estado manipulando. Solo quería a alguien que le cuidara su perrito.

12.ª SESIÓN[14]:

Teoría:

Decide si es verdadero o falso lo que se dice en cada una de las siguientes frases:

1. *Usaremos solo el signo de cierre de la exclamación cuando queremos destacar la intensidad expresiva del mensaje.*

2. *Podemos usar el guion corto para separar cifras relacionadas entre sí, como son nacimiento y muerte (1898-1964), páginas (págs. 181-204), etc.*

3. *Para destacar los apodos o sobrenombres de personajes ilustres, se usa la mayúscula, pero no se entrecomillan, error extendido.*

4. *El «calderón» es un signo hoy poco usado que utilizamos con los mismos valores que el «párrafo», para señalar las divisiones internas de un capítulo.*

5. *Cuando usamos varias oraciones interrogativas seguidas, sin elementos de enlace entre ellas, y son breves, podemos considerarlas como independientes, no usaremos puntos e iniciaremos cada una en mayúscula.*

6. *No podemos usar los distintos tipos de comillas (inglesas, españolas o simples) mezcladas: o usamos unas o usamos otras, pero debemos elegir un formato.*

¿Sabrías cuál de las dos es la correcta?

45 A: El nuevo ministro no tenía estudios universitarios (!).

45 B: El nuevo ministro no tenía estudios universitarios (!!!!).

---

14 Ver corrección de los ejercicios en la pág. 96.

46 A: Dudaba si acudir a aquella cita, pero ya se había comprometido.

46 B: Dudaba si acudir a aquella cita..., pero ya se había comprometido.

47 A: Los establos estaban limpios, los animales habían ya comido y los aperos estaban recogidos, pero aún quedaba mucha tarea antes de poder descansar aquella noche.

47 B: Los establos estaban limpios, los animales habían ya comido y los aperos estaban recogidos; pero aún quedaba mucha tarea antes de poder descansar aquella noche.

48 A: El objetivo de la LOE era mejorar la calidad en la educación sin embargo sigue aumentando el fracaso escolar.

48 B: El objetivo de la LOE era mejorar la calidad en la educación, sin embargo sigue aumentando el fracaso escolar.

Práctica:

En el siguiente texto, sitúa coma, punto y coma, dos puntos, puntos suspensivos y signos de interrogación donde puedan corresponder correctamente (repasa las reglas relativas al uso de los signos de interrogación antes de empezar el ejercicio):

Texto:

—Don Francisco López puede levantarse Gracias. Responda por favor a la siguiente pregunta: durante el Romanticismo qué autor destacó como prosista.

—José Zorrilla con *Las cartas marruecas.*

—Tranquilícese la pregunta es fácil intente hacer memoria quién es el prosista más destacado del Romanticismo famoso por sus artículos.

—Podría repetirme la pregunta

—Cómo no. Dígame el nombre del prosista romántico más importante.

—De lo de Zorrilla estoy seguro pero de lo de las cartas esas no sé. Es que había mucho que estudiar y claro al final siempre me toca a mí.

—Vamos a ver si nos aclaramos Zorrilla fue poeta y dramaturgo el autor del *Don Juan Tenorio Las cartas marruecas* es una obra en prosa en efecto pero del periodo de la Ilustración y fueron escritas por José Cadalso y no por Zorrilla y yo ahora en este momento le estoy preguntando por prosa romántica lo sabe o no lo sabe.

—Claro que lo sé lo que pasa es que ahora no me acuerdo. Lo que me pasa es que no estoy bien adaptado curricularmente sabe usted.

—Pues en ese caso haga el favor de sentarse correctamente que se está torciendo su *currículo*.

13.ª SESIÓN[15]:

Teoría:

Decide si es verdadero o falso lo que se dice en cada una de las siguientes frases:

1. *Al copiar textos antiguos, para reproducir las letras que faltan en las abreviaturas de algunas palabras, usaremos la letra cursiva o inclinada, nunca el paréntesis.*

2. *No debe usarse el punto para separar las cantidades con las que significamos páginas, artículos o leyes.*

3. *Los signos de puntuación dobles como el paréntesis, la interrogación o la exclamación, tienen un signo de apertura (¿) y otro de cierre (?): la primera palabra que aparece en el interior debe separarse del signo de apertura por un espacio.*

4. *Cuando citamos el título de una obra escribiremos solo la inicial en mayúscula y terminaremos la cita con un punto para significar que llega hasta ahí.*

5. *Usado entre paréntesis, el signo de admiración de cierre transmite la idea de perplejidad, asombro, ironía, etc.*

¿Sabrías cuál de las dos es la correcta?

49 A: Tenía muchos libros —la mayoría sin abrir— muy bien ordenados.

49 B: Tenía muchos libros (la mayoría sin abrir) muy bien ordenados.

50 A: ¡Ah!

50 B: ¡Ah!!!

---

15 Ver corrección de los ejercicios en la pág. 98.

51 A: El oro, la plata, el bronce...: los metales son hitos en la evolución humana.

51 B: El oro, la plata, el bronce... : los metales son hitos en la evolución humana.

52 A: Si hubieras llegado a tiempo, podrías haber pasado, Antonio, es decir, la entrada ha sido por orden de llegada.

52 B: Si hubieras llegado a tiempo, podrías haber pasado, Antonio; es decir, la entrada ha sido por orden de llegada.

Práctica:

En el siguiente texto, sitúa coma, punto y coma, dos puntos, puntos suspensivos, signos de interrogación y signos de exclamación donde puedan corresponder correctamente. Antes de empezar, estudia las reglas de uso de los signos de exclamación en el apartado teórico (R. 75-80):

Texto:

—Hola. Cómo estás.

—Bueno bueno bueno. Pero si es el buenazo de Jorge. Tío qué es de tu vida.

—Da igual que pasen veinte años verdad. Siempre igual.

—Qué dices de igual ni igual veinte años más treinta kilos más cien ilusiones menos doscientas arrugas más y. En fin qué te voy a contar que tú no sepas.

—Pues habla por ti que yo estoy fenomenal y por mis m que no echo de menos aquella época en que tenía que aguantar tus collejas tus empujones tus puñetazos y tus gilipolleces.

—Anda ya. Eran bromas de buen rollo. Aquello sí que era vida y no esta mierda.

—Mira tienes la mierda que te mereces para mí aquello sí era una mierda y esto es la gloria. Pero no te preocupes no te

guardo ningún rencor. Por supuesto ni te voy a dar este trabajo ni voy a ser tu jefe. Si conociéndote como te conozco encima te contratara el imbécil sería yo.

Teoría:

Decide si es verdadero o falso lo que se dice en cada una de las siguientes frases:

1. *No se usan las comillas con nombres propios o de instituciones, ya se destacan con el uso de la mayúscula, debemos evitar este error.*

2. *Usamos las comillas para señalar que el texto enmarcado es una cita textual.*

3. *La llave o corchete es un signo que usamos en los esquemas para agrupar elementos relacionados entre sí.*

4. *Si en una abreviatura aparece una letrilla volada, primero usaremos el punto y luego la letrilla volada. Por ejemplo: «n.º».*

5. *Cuando usamos varias oraciones interrogativas seguidas, sin elementos de enlace entre ellas, y son breves, podemos considerarlas yuxtapuestas, las separaremos por comas e iniciaremos cada una en minúscula.*

6. *En el encabezamiento de las clasificaciones, usaremos el paréntesis doble o el de cierre para señalar los números o letras que los ordenan. Por ejemplo: «(1)» o «1)»* .

¿Sabrías cuál de las dos es la correcta?

53 A: Me quedaré esta tarde en casa viendo la televisión porque no tengo dinero para ir al cine.

53 B: Me quedaré esta tarde en casa viendo la televisión, porque no tengo dinero para ir al cine.

---

16 Ver corrección de los ejercicios en la pág. 99.

54 A: La hierba verde se vistió de rocío.

54 B: La hierba, verde, se vistió de rocío.

55 A: Les propuse ir al parque (solo llevaba dos días inaugurado) para ver qué habían logrado.

55 B: Les propuse ir al parque, solo llevaba dos días inaugurado, para ver qué habían logrado.

56 A: Hola, Juan: qué has hecho estos días?

56 B: Hola, Juan: ¿qué has hecho estos días?

Práctica:

En el siguiente texto, además de todos los signos anteriores, faltan también los paréntesis. Intenta colocar los signos que faltan donde puedan corresponder correctamente. Antes de empezar con el ejercicio, repasa las reglas para el uso del paréntesis en la parte teórica (R. 81-89):

Texto:

Todo empezó en la Biblioteca la Municipal siempre que hable de Biblioteca me refiero a la Municipal cuando me encargaron aquel informe sobre el estado de algunos de los incunables para el Departamento de Filología. Había una ficha borrosa letras desgastadas aunque la cartulina parecía relativamente nueva; remitía a la sección de libros «*Obstat*» prohibidos. Esa sección se encontraba en una parte reservada de la Biblioteca Sección 3 Mód. 6 y 7 sin duda el consultarlo me retrasaría pero me pudo la curiosidad. Me levanté me acerqué al mostrador y solicité el libro. La secretaria me miró con el ceño fruncido por encima de sus gafas de media luna no era amiga de que la molestaran mientras chateaba tranquilamente. Cuando me trajeron el libro no se parecía a nada que yo hubiera visto antes. Era tan pequeño como un misal 8 x 14 cm estaba claro que la encuadernación era de pergamino basto y oscurecido. No había título en el lomo. Unas simples abreviaturas en la portada que enseguida interpreté «AD PERP etuam MEM oriam». Se correspondería probablemente a un panegírico ensalzando las bondades de un difunto pero por qué fue prohibido. Aparecía además una nota manuscrita en la parte inferior derecha tinta marrón sangre escritura irregular con esta leyenda «Exceptio inadimpleti». Finalizaba con un trazo ilegible.

15.ª SESIÓN[17]:

Teoría:

Decide si es verdadero o falso lo que se dice en cada una de las siguientes frases:

1. *Detrás de los puntos suspensivos, cuando cierran una oración, nunca colocaremos otro punto, ni seguido, ni aparte, ni final; solo tres puntos.*

2. *Dejaremos un espacio de separación entre un signo de puntuación simple (coma, punto, punto y coma, puntos suspensivos, etc.) y la palabra que le siga.*

3. *Es un uso incorrecto el empleo del guion en carteles de tráfico separando letras (tipo de carretera) de números (número de la vía identificativo en los mapas).*

4. *La raya, como signo doble (que abre y cierra) tiene los mismos usos que el paréntesis pero se prefiere cuando el inciso es breve.*

5. *Si queremos insertar un comentario al hilo de una cita textual entrecomillada, lo haremos usando el paréntesis.*

¿Sabrías cuál de las dos es la correcta?

57 A: Deben leerse para mañana los siguientes artículos: art. 43, pág. 111; art. 58, pág. 145; art. 61, pág. 152; etc.

57 B: Deben leerse para mañana los siguientes artículos: art. 43, pág. 111, art. 58, pág. 145, art. 61, pág. 152, etc.

58 A: No tenía la más mínima posibilidad de irse de vacaciones, porque se había gastado todo lo que le quedaba.

---

17   Ver corrección de los ejercicios en la pág. 100.

58 B: No tenía la más mínima posibilidad de irse de vacaciones porque se había gastado todo lo que le quedaba.

59 A: Pedro J. Ramírez renombrado periodista es hoy la noticia.
59 B: Pedro J. Ramírez, renombrado periodista, es hoy la noticia.

60 A: En *La alternativa al juego*, el «telégrafo» aparece en juegos de comunicación (pág. 107).
60 B: En *La alternativa al juego*, el «telégrafo» aparece en juegos de comunicación en la página 107.

Práctica:

En el siguiente texto, además de todos los signos anteriores, faltan también los paréntesis y los corchetes. Intenta colocar los signos que faltan donde puedan corresponder correctamente. Antes de empezar, lee atentamente las reglas de uso de los corchetes en la parte teórica (R. 90-94):

Texto:

Abrí el libro con mucho cuidado y encontré una hoja plegada entre la cubierta y la contraportada. La desplegué hoja pequeña de papel cuadriculado amarilleada por el tiempo con toda seguridad menos de 20 años arrancada de forma descuidada desgarro en la parte superior izquierda escrita a bolígrafo trazos fuertes e irregulares en español y me quedé atónito alguien había colocado aquella hoja de papel para que no abriera el libro «No sigas y si puedes destrúyelo». Más abajo podía leerse en esos momentos agradecía a María José su curso de Paleografía «Obispo Clemente Armentía excomulgado A. nnus D. omini 1486».

16.ª SESIÓN[18]:

Teoría:

Decide si es verdadero o falso lo que se dice en cada una de las siguientes frases:

1. *En los encabezamientos de las cartas, para separar el lugar de la fecha, usaremos los dos puntos.*

2. *En los textos narrativos no se entrecomillan los diálogos y sí, en cambio, los pensamientos del narrador, que se introducen por un guion medio o raya.*

3. *Uno de los usos del paréntesis es cuando queremos concretar un dato, sin romper el hilo del discurso, por ejemplo, número de página, fecha de un BOJA, artículo concreto de un código, etc.*

4. *Una costumbre muy extendida es no usar el punto detrás del signo de interrogación de cierre; es un error, la regla general nos dice que el punto nunca debe suprimirse.*

5. *Cuando queremos expresar sorpresa y duda, podemos agrupar signos de interrogación y exclamación.*

6. *Cuando usamos un vocativo en una oración interrogativa y se sitúa al final, quedará fuera de la interrogación y separado del resto de la frase por una coma: «¿Qué vas a tomar?, Juan».*

¿Sabrías cuál de las dos es la correcta?

61 A: ¿Esteban, vas a venir o no?

61 B: Esteban, ¿vas a venir o no?

---

18 Ver corrección de los ejercicios en la pág. 101.

62 A: Eran cuatro hermanos: Enrique, Pedro, Juan y Paco.

62 B: Eran cuatro hermanos, Enrique, Pedro, Juan y Paco.

63 A: Si me llamara de nuevo no dudaría en acudir en su auxilio.

63 B: Si me llamara de nuevo, no dudaría en acudir en su auxilio.

64 A: Si no vienes advirtió su profesor no podré calificarte.

64 B: Si no vienes, advirtió su profesor, no podré calificarte.

Práctica:

En el siguiente texto, además de los signos de puntuación anteriores, se han quedado atrás las comillas. Trata de puntuar correctamente el texto situando los signos donde puedan corresponder correctamente. Antes de empezar, revisa las reglas de uso de las comillas en el apartado teórico del libro (R. 95-105):

Texto:

El manejo del diccionario es fundamental para el correcto empleo del idioma. Imaginemos que estamos leyendo Epístolas fallidas capítulo de la obra *La valija rota* y nos encontramos con la siguiente frase firmada por D. Armijo … Mariano mi Nicasio Niporesas tenía un espíritu inane que me enloquecía y desesperaba por momentos … La palabra inane no es frecuente personalmente no la había oído nunca antes de este momento y solo recuerdo una palabra que presente cierta coincidencia fónica inanición ante este hecho podemos hacer dos cosas una seguir leyendo y quedarnos con la idea *grosso modo* de forma aproximada de que Mariano tenía algo en su espíritu no sabemos qué que la enfurecía dos detenernos y buscar la palabra en el diccionario. Si nos vamos al diccionario encontraremos la siguiente definición Adj. vano, superfluo, vacío, despreocupado. Ahora entiendo que lo que la enloquecía por momentos era observar en él un espíritu sin contenido despreocupado alejado de ese compromiso que ella necesitaba. Creo que no es necesario porque ha quedado sobradamente demostrado insistir más sobre cómo el uso del diccionario mejora nuestra capacidad de comprensión.

Teoría:

Decide si es verdadero o falso lo que se dice en cada una de las siguientes frases:

1. *En expresiones matemáticas usamos el guion corto para significar la resta, por ejemplo: 4 – 3 = 1.*

2. *Usado solo, con el signo de cierre de la interrogación entre paréntesis podemos expresar duda o ironía.*

3. *Usaremos las comillas para señalar los títulos de artículos, poemas, ensayos, etc., incluidos en obras mayores, pero nunca para los títulos de libros.*

4. *No debemos usar la coma para separar los números enteros de los decimales en la expresión de una cifra, para eso está el punto: 3.1416.*

5. *Cuando colocamos un signo de puntuación doble, como el paréntesis, la interrogación, la exclamación, etc., el signo de apertura se separa con un espacio de la palabra o signo al que sigue.*

¿Sabrías cuál de las dos es la correcta?

65 A: La normativa académica contempla el PIL (Promoción por Imperativo Legal).

65 B: La normativa académica contempla el PIL, la promoción por imperativo legal.

66 A: ¿Has recogido tu cuarto?, ¿has preparado los libros?, ¿te has cepillado los dientes?

---

19 Ver corrección de los ejercicios en la pág. 103.

66 B: ¿Has recogido tu cuarto?. ¿Has preparado los libros?. ¿Te has cepillado los dientes?.

67 A: Una cosa era cierta, tenía que conseguir que hablara con él.

67 B: Una cosa era cierta: tenía que conseguir que hablara con él.

68 A: Se compraron dos pares de zapatos, almorzaron en un buen restaurante, se tomaron tres copas, y se quedaron en la gloria.

68 B: Se compraron dos pares de zapatos; almorzaron en un buen restaurante; se tomaron tres copas, y se quedaron en la gloria.

Práctica:

Además de todos los signos anteriores, en el siguiente texto faltan los guiones largos y cortos. Coloca los signos de puntuación donde puedan corresponder correctamente. Antes de empezar con el siguiente texto, repasa las reglas de uso del guion y la raya en el apartado de teoría (R. 106-118):

Texto:

Todavía estaban esperando en la estación. Algunos hacían cola delante de la ventanilla de billetes otros deambulaban con cara de estar siempre buscando algo que nunca llegan a encontrar otros sentados se aislaban en sus libros revistas folletos de viaje periódicos móviles

Cuando llegues a Madrid sabes qué metro debes coger

Me lo has hecho repetir mil veces.

Llámame en cuanto llegues le insistió el padre una vez más.

Ya te he dicho que te llamaré no me hagas sentir incómodo como cuando era un niño miraba al suelo como cuando era pequeño y temía una regañina por su parte.

No estaré tranquilo hasta que lo hagas lo siento.

Una voz metálica sonó por megafonía AVE Sevilla Madrid hace su entrada por el andén n.º 2 . Los letreros de la estación comenzaron a girar sobre sí mismos ofreciendo cantidades ingentes de información organizada en hileras horizontales que bailaban se detenían ascendían 8 AGOS 2012 7.40 11.45 8.40 VÍA 2 SALIDA LLEGADA y vuelta a recolocarse en el panel con un ruido metálico como de hojas pasar a pesar de que los paneles hacía largo tiempo que eran electrónicos. El padre mantenía fija la mirada en su hijo Tengo que decirle que lo quiero que siempre lo he querido que nunca nada fue culpa suya tengo que abrazarlo se va a ir pensando que nunca he confiado en él. Última llamada a los viajeros con destino Madrid el tren va a efectuar su salida la voz metálica los despertó de ese letargo.

Cuídate es todo cuanto te pido dijo el padre.

No te preocupes te llamaré cuando llegue.

Subió al tren sin volver la vista atrás y se dirigió directamente al vagón restaurante para pedir un *whisky* cola con que tratar de nublar la memoria de su padre.

Teoría:

Decide si es verdadero o falso lo que se dice en cada una de las siguientes frases:

1. *Cuando queremos representar una parte de una palabra, usaremos el guion corto para señalar dónde se corta el vocablo, por ejemplo «ex-».*

2. *Usamos el signo de apertura de corchete, en poesía, para señalar las palabras o fragmentos que aparecen al final de una línea y pertenecen al verso anterior.*

3. *Es una costumbre extendida pero errónea el usar los corchetes en lugar del paréntesis para encerrar los puntos suspensivos para expresar la falta de un fragmento que reproducimos textualmente.*

4. *Para separar las cifras que expresan una fecha, usaremos la barra inclinada, nunca el guion corto.*

5. *Entre dos oraciones exclamativas no se usará ningún signo de puntuación y se considerarán como oraciones independientes.*

¿Sabrías cuál de las dos es la correcta?

69 A: Circulando a 120 kms/hora ¿cuánto tiempo tardas en llegar a Madrid?

69 B: Circulando a 120 hms/hora, ¿cuánto tiempo tardas en llegar a Madrid?

70 A: La cantidad acordada fue de veinte euros, 20 €.

70 B: La cantidad acordada fue de veinte euros (20 €).

---

20 Ver corrección de los ejercicios en la pág. 104.

71 A: ¡¿Por fin has llegado?! Ya podemos marcharnos.

71 B: ¿¡Por fin has llegado!? Ya podemos marcharnos.

72 A: Una sierra circular, un martillo, clavos y madera, ya tenía cuanto necesitaba para fabricar el mueble.

72 B: Una sierra circular, un martillo, clavos y madera: ya tenía cuanto necesitaba para fabricar el mueble.

Práctica:

En el siguiente texto, además de todos los signos de puntuación anteriores, se nos han olvidado las barras, los apóstrofos y diéresis. Trata de situarlos donde pueda corresponder correctamente; para ello, te recomiendo que, antes de empezar el ejercicio, repases las normas de uso de estos signos (R. 119 y siguientes):

Texto:

Departamento Municipal de Gestión de Residuos Sólidos de Seu D Urgell.

Muy Sr. Sr.ª nuestro a s

Se ha cursado contra el la los las propietario a s de ese inmueble Sr. Sra. Damián Argüelles Martínez según nos consta en los archivos de empadronamiento de nuestra Secretaría sito en C O Donnahaw s n una denuncia por depositar residuos sólidos en los contenedores públicos fuera del horario establecido para ello 20 22 h. El Reglamento Municipal vigente Pleno de 5 IV 1999 art 408 pág 65 6 establece como sanción 350 € para la infracción de depositar residuos sólidos en los contenedores públicos fuera del horario establecido al efecto. Asimismo se le s comunica que dispone n de un periodo de 15 días naturales para presentar cuantas alegaciones reclamaciones estime n oportunas ante este Consistorio. Según lo establecido en las Ordenanzas Municipales Ord 1476 de 3 II 1995 BOP 20 II 1995 el pago voluntario de la sanción impuesta previo al requerimiento le dará derecho a una bonificación del 40 % del valor de la sanción. Asimismo se le s notifica que de no personarse en este Ayuntamiento en el plazo indicado o no abonar el importe requerido antes de la fecha se dará por finalizado el procedimiento por vía administrativa y se procederá a la aplicación de las medidas previstas por vía ejecutiva.

Atentamente

Ejercicios sobre textos escogidos

(8 sesiones de refuerzo y perfeccionamiento con los mejores maestros)

A diferencia de los anteriores, estos textos han sido escogidos entre novelas de grandes autores de habla hispana. Hemos seleccionado ocho textos de otros tantos autores. Esto nos permitirá conocerlos mejor, repasar lo estudiado y reflexionar sobre algunos casos de estilística en los signos de puntuación. Los ejercicios variarán según los textos. Debéis seguir las instrucciones en cada caso.

TEXTO I[21]:

En este texto de Gonzalo Torrente Ballester, se han perdido 27 comas. Trata de situarlas en su lugar correspondiente:

¿Querido quién? ¿Me atreveré a decirle todavía «querido Yuri» sólo por el recuerdo de que cuando estábamos juntos y usted era él le quería de veras? Ahora le escribo esta carta para decirle adiós. Durante algunas horas olvidamos que yo también soy un agente; el servicio me ha cogido otra vez me tiene otra vez atrapada. Me voy de París y a lo mejor no vuelvo más. El asunto que me aparta de usted es arriesgado más que otros

---

21   Ver corrección de los ejercicios en la pág. 107.

y no parece imposible que por eso me hayan escogido a mí. Quizás haya gente a la que no le guste que yo acabe casándome con Yuri: yo soy uno de ellos.

Tengo dos cosas que decirle: la primera que unos días más de convivencia con De Blancas y me hubiera acostumbrado a él. Es un caballero me gusta su aspecto me gusta su manera de hablar y lo mismo que usted curioseó mis libros en mi casa yo repasé los suyos en la suya. ¿Por qué no desear por qué no pensar que un día de éstos De Blancas usted y yo coincidiríamos en el mismo verso? Con la misma franqueza le digo que me costó un esfuerzo incalculable convivir con Maxwell y usted sabe las razones. ¡Qué lástima que todo haya salido mal!

La segunda es un ruego. Vaya de vez en cuando a mi piso en el que todavía tiembla un puñal en un rincón del techo; pase en él algún tiempo acuérdese de mí y encienda las velas de los iconos. Si se acaban las encontrará iguales en la sacristía de cualquier iglesia ortodoxa. Le supongo enterado de que para nosotros cada vela que arde tiene el valor de una oración.

Irina.

La prisa me impide dejar la vajilla lavada. Perdóneme.

Gonzalo Torrente Ballester:
Quizá el viento nos lleve al infinito.
Madrid, Punto de Lectura, 2008, págs. 150-151.

Una vez corregido, responde a las siguientes preguntas sobre el texto:

1) El autor usa comillas en «querido Yuri», ¿son correctas?, ¿qué regla siguen?

2) Al principio del segundo párrafo aparecen los dos puntos («Tengo dos cosas que decirle: [...]): ¿qué regla obliga al uso de estos dos puntos?

3) En el texto aparecen varias oraciones interrogativas. Observa los espacios de separación que hay entre el signo de apertura de interrogación y la palabra o signo anterior. Los espacios que hay entre el signo de apertura de la interrogación y la primera palabra y la última palabra, y el signo de cierre de la interrogación: ¿se han usado correctamente los espacios?; ¿por qué?

4) Observa que, detrás del signo de interrogación de cierre y del signo de admiración de cierre, en el texto no aparecen puntos; ¿es correcto? ¿Por qué?

TEXTO 2[22]:

En este texto faltan 22 comas, tres puntos y seguido y tres signos de dos puntos que Miguel Delibes había puesto. Lee pausadamente el texto y trata de situarlos correctamente. Recuerda que debes corregir los signos de puntuación usando el corrector; y en caso de error u omisión, comprobar la regla que se te indica entre paréntesis y tratar de comprender en el texto el uso concreto que ha hecho el autor. En las anotaciones encontrarás algunas observaciones sobre posibles variantes a los signos usados por el autor, y el comentario de un uso estilístico del estilo directo.

Dos días más tarde Óscar nos dio una buena noticia los análisis revelaban una anemia ferropénica que explicaba algunos trastornos. Le recetó compuestos de hierro reposo en cama dura y unos corticoides. Mi ánimo fluctuante se recuperó. Ella seguía condicionándolo todo. Ojalá sea sólo eso decía. ¿Por qué ojalá? Ya está visto. Óscar lo ha dicho. Deseaba a toda costa que ella lo creyera. Al día siguiente regresamos a casa. ¿Qué? Había ansiedad en los ojos de Alicia en los apremios de Martín en los silencios de Nicolás Todo resuelto. Una anemia ferropénica dije. Ella alzaba los ojos y movía la cabeza,

---

22 Ver corrección de los ejercicios en la pág. 109.

71

denegando Alicia me dijo luego que le había dicho No quiero desilusionar a tu padre pero Óscar únicamente ha apuntado la anemia como una posibilidad.

Por la tarde me encerré en el estudio. Canturreaba silbaba como hacía tiempo que no lo hacía. Me parecía que inauguraba una nueva era. Empecé un cuadro pero a la media hora se atascó di cuatro brochazos violentos y lo dejé. Estaba literalmente vacío. Lo mío no se curaba con hierro era irremediable. Si ella va a restablecerse ¿por qué no me sale nada? me preguntaba perplejo Pero la impericia de mi mano la sequedad de mi cabeza, se me antojaban definitivas. Me excité tanto que arrojé los pinceles y los tubos de pintura contra el lienzo propiné dos patadas al caballete a los botes esparcidos por el suelo y me tumbé muy agitado en el diván Respiraba anhelosamente me oprimía el pecho. Pensé en el infarto pero era la rabieta lo que dificultaba mi respiración. Tendrá que ser así me dije; también a los artistas nos llega la menopausia.

Miguel Delibes:
Señora de rojo sobre fondo gris.
Barcelona, Círculo de Lectores, 1993, págs. 58-59.

Una vez corregido, trata de responder a las siguientes preguntas sobre el texto:

1) Los signos dobles como el paréntesis, las comillas o los guiones enmarcan un grupo de palabras, una oración, con sus propios signos de puntuación independientes de la oración donde aparecen insertos. Si no ponemos el signo de apertura, podemos generar confusión en el lector. ¿Sabrías decirme si sucede esto en el texto, dónde y por qué?

2) En la primera oración del segundo párrafo, el autor podría haber usado una coma para indicar la anteposición del complemento circunstancial de tiempo. ¿Por qué crees que no lo ha hecho?

3) En la última oración del texto propuesto, aparece un punto y coma. Trata de justificar su uso.

4) A mediados del primer párrafo aparece una interrogación: «¿Qué?». Está aislada entre dos puntos. ¿Qué sentido tiene? Es el narrador quien se dirige al lector, o lo hace hacia sí mismo. Trata de comprender su uso y el sentido que tiene en el texto.

Texto 3[23]:

En este texto, un diálogo entre dos personajes, se nos han olvidado los guiones, las rayas, los puntos suspensivos y las interrogaciones. ¿Sabrías situar cada signo en su lugar?

No es mala idea dijo el militar, y, sobre todo, mala o buena, yo la he de llevar a cabo. Y qué haremos para que esa lechuza de Coletilla no nos estorbe

Coletilla no nos estorbará. De lo menos que él se ocupa es de la muchacha, cuyo porvenir no le importa un comino. Él no se ocupa más que de

De conspirar, eh

Pues ya. Amigo don Claudio, Elías es hombre fuerte y tiene amistades muy altas. Puede mucho, y así, con su humildad y su melancolía, es persona que maneja los títeres. Le digo a usted que se va armar una

¿Conque conspiran? Si conspiran los realistas es seguro que tú estarás con ellos, no

Hombre, yo contestó Gil, maliciosamente, yo soy hombre de orden, y nada más. Si ando con Elías y me trato con los suyos es solo por enterarme de sus manejos, pues

---

23 Ver corrección de los ejercicios en la pág. 113.

Siempre el mismo truhán redomado: nadie como tú ha sabido navegar a todos los vientos.

Y sabe usted, señor don Claudio contestó Carrascosa, que me acusaron de realista y me quitaron mi destino. Yo, qué iba a hacer Iba a morirme de hambre Las ideas no dan de comer, amigo. Usted, que es rico, puede ser liberal. Yo soy muy pobre para permitirme ese lujo.

¡Solemne tunante!

Lo que hago es estar al cabo de todo. Quiere usted que acabe de ser franco Usted es buen amigo y buen caballero. Voy a ser franco. Pues sepa usted que esto se lo va a llevar la trampa. Esto se viene al suelo y no tardará mucho. Se lo digo yo y bien puede creerme. Dice usted que soy un solemne tunante. Bien: pues yo le digo a usted que es un tonto rematado. Usted es de los que creen que esto va a seguir, y que va a haber Libertad y Constitución, y todas esas majaderías. ¡Qué chasco se van a llevar! Le repito que esto se lo lleva Barrabás, y, si no, acuérdese de mí.

Benito Pérez Galdós:
La fontana de oro.
Alianza Editorial, Madrid, 1973, pág. 187.

Una vez corregido, observa el siguiente uso que Galdós hace de los dos puntos:

1) En el último párrafo aparece: «Bien: pues yo le digo a usted que es un tonto rematado». ¿Obedece a alguna de las reglas estudiadas? ¿Podría haberse usado otro signo de puntuación?

Texto 4[24]:

En este caso, te ofrecemos los signos de puntuación originales del autor. Una vez leído el texto, trata de responder correctamente a

---

24 Ver corrección de los ejercicios en la pág. 114.

las preguntas planteadas. En caso de duda, consulta el apartado teórico:

Abuámir bajó de dos en dos los peldaños de la escalera de caracol que descendía por el centro de la torre y se hizo presente en el patio donde los tres eunucos observaban admirados al loro.

—Es mío —dijo Abuámir—. Me lo ha regalado el gran visir.

—¡Oh! ¡Es maravilloso! —exclamó Sisnán.

—¡Y habla! ¿Cómo es posible? —secundó su compañero al-Fasí.

—¡Vaya! —replicó el viejo—. Los loritos hablan. ¿Ahora os enteráis? ¿Sois tontos?

—Nadie nos dijo que hay aves que hablan —respondió Sisnán ingenuamente.

—¿Qué come un lorito? —preguntó al-Fasí.

—Nueces, frutas, higos… Cualquier cosa —respondió Abuámir.

Los jóvenes eunucos fueron al interior y trajeron higos secos y otras golosinas que ofrecieron al loro, observando admirados cómo el ave los recogía de sus manos.

—¡Oh, es maravilloso! —exclamaban—. ¡Qué listo es!

Abuámir comprobó con satisfacción que su plan de acercarse a los eunucos iba dando resultado. Estuvieron alimentando al loro y divirtiéndose con las ocurrencias del pájaro durante un buen rato Pero al cabo el viejo Tahír se impacientó y dio una repentina palmada ordenando:

—¡Bien, se acabó! ¿Ya está bien de loritos! ¡Todo el mundo adentro!

Jesús Sánchez Adalid: *El mozárabe.*
Barcelona, Zeta bolsillo, 2005, pág. 270.

Trata de responder a las siguientes preguntas sobre el texto:

1) La intervención de cada uno de los personajes en el texto aparece precedida de un guion. ¿Es correcto el uso? Concreta la regla que rige su corrección o no.

2) La voz del narrador aparece en el diálogo unas veces entre dos rayas («Es mío —dijo Abuámir—.») y, otras, solo precedida de una («¡Es maravilloso! —exclamó Sisnán.»). ¿El autor ha usado correctamente este signo? ¿Qué criterio debemos seguir en estos casos.

3) ¿Qué valor tienen los puntos suspensivos en la expresión «Nueces, frutas, higos… Cualquier cosa —respondió Abuámir.»?

4) Después de estos puntos suspensivos, se escribe en mayúscula. ¿No deberíamos haber puesto un punto y seguido detrás?

5) En el último párrafo, última oración, el autor podría haber usado dos comas («Pero al cabo el viejo Tahír se impacientó y dio una repentina palmada […]»). ¿Dónde las colocarías y por qué regla deberían estar ahí? ¿Hay alguna razón para no usarlas?

Texto 5[25]:

Lee atentamente el siguiente texto y trata de responder a las preguntas que planteamos a continuación:

Sr. D. Miguel de Unamuno.

Querido y admirado maestro:

Recibí su amable carta, fechada en Hendaya 29-3-27. Mucho le agradezco su recuerdo desde su retiro —¡destierro!— y las poesías que en la carta me incluye. Coincidió su carta con una

---

25 Ver corrección de los ejercicios en la pág. 115.

invitación de amigos a ir a Salamanca; pero, Ud. ausente, preferí quedarme en Segovia, y aplazar la excursión para mejores días. Si este verano dispongo de algún tiempo y algunos cuartos, pasaría la frontera para saludarle.

Aquí se padece —no lo achaque V. a adulación— la ausencia de Unamuno, de sus artículos, de sus poesías, de su espíritu vigilante por la espiritualidad española. Una oleada de pedantería y de ñoñez nos invade en literatura. De política entiendo poco, cada día menos. ¡Era tan menguada, en verdad, la gente que barrió el golpe de estado, y su descrédito tan abrumador! Es triste pensar que no han dejado ni siquiera un vacío. Quizás no sea generoso decirlo, pero —entre nosotros— estaban destinados a caer en la espuerta de la basura [...].

Asistí al estreno de su drama. Es lo más bello que se ha hecho en el teatro durante estos años. Y leí su *Agonía del Cristianismo*, traducida por el amigo Cassou. Sé el enorme éxito de su obra en Europa. No me extraña. Unamuno salva a España del olvido, mientras España... No, España tampoco lo olvida.

Le agradezco su felicitación por mi nombramiento de académico. Es un honor al cual no aspiré nunca; casi me atreveré a decir que aspiré a no tenerlo nunca. Pero Dios da pañuelo al que no tiene narices.

Manuel y yo hacemos teatro. Le enviamos nuestros *Juan de Mañara* y le enviaremos pronto nuestros *Adelfos*.

De él y mío un fuerte abrazo y el cariño entrañable y la admiración sin limites de su *ne varietur*.

Antonio Machado
Madrid, 12-6-1927
Antonio Machado: *Poesía y prosa*, Tomo III.
Espasa-Calpe, Madrid, 1989, págs. 1667-1668.

Trata de responder a las siguientes preguntas sobre el texto:

1) Antonio Machado usa varias veces los guiones dobles en el texto. ¿Podrías justificar su uso en cada caso?

2) En el texto aparecen dos veces los puntos suspensivos pero su uso obedece a distintos criterios. ¿Cuáles?

3) Se ha usado cuatro veces la letra cursiva en el texto. Probablemente se trate de criterios del editor, dado que estamos ante una carta manuscrita que Antonio Machado dirige a Miguel de Unamuno. ¿La ha usado correctamente? ¿Se podría haber usado algún otro signo de puntuación?

4) En el texto aparece usado un punto y coma en el primer párrafo («[…] a ir a Salamanca; pero, Ud. ausente […]») y en el penúltimo («Es un honor al cual no aspiré nunca; casi me atreveré a decir que aspiré a no tenerlo nunca.»). Trata de justificar su uso en cada caso.

5) Explica el uso de los dos puntos detrás de «Querido y admirado maestro: […]».

6) En la fecha «Hendaya 29-3-27» los números aparecen separados por guiones. ¿Es correcto este uso?

Texto 6[26]:

Lee atentamente el siguiente texto de Ramón María del Valle-Inclán y trata de responder a las preguntas que te planteamos a continuación:

La Niña Chole me acarició con una mirada larga, indefinible. Aquellos ojos de reina india eran lánguidos y brillantes: Me pareció que a la vez reprochaban y consentían. Cruzó el reborcillo sobre el pecho y murmuró poniéndose encendida:

—¡Mi historia es muy triste!

---

26 Ver corrección de los ejercicios en la pág. 117.

Y para que no pudiese quedarme duda, asomaron dos lágrimas en sus ojos. Yo creí adivinar, y le dije con generosa galantería:

—No intentes contármela: Las historias tristes me recuerdan la mía.

Ella sollozó:

—Hay en mi vida algo imperdonable.

—Y los hombres como yo todo lo perdonan.

Al oírme escondió el rostro entre las manos:

—He cometido el más abominable de los pecados: Un pecado del que sólo puede absolverme Nuestro Santo Padre.

Viéndola tan afligida, acaricié su cabeza reclinándola sobre mi pecho, y le dije:

—Niña, cuenta con mi valimiento en el Vaticano. Yo he sido capitán de la Guardia Noble. Si quieres iremos a Roma en peregrinación, y nos echaremos a los pies de Gregorio XVI.

—Iré yo sola... Mi pecado es mío nada más.

—Por amor y por galantería, yo debo cometer uno igual... ¡Acaso ya lo habré cometido!

La Niña Chole levantó hacia mí los ojos llenos de lágrimas, y suplicó:

—No digas eso... ¡Es imposible!

Ramón María del Valle Inclán:
Sonata de estío. Memorias del Marqués de Bradomín.
Círculo de Lectores, Barcelona, 1991, págs. 84-85.

Trata de responder a las siguientes preguntas sobre el texto:

1) Valle-Inclán escribe a finales del siglo XIX y principio del XX, antes de las últimas reformas de la ortografía de la Real Academia Española de la Lengua. Y la edición que hemos manejado, del año 1992, es anterior a la última ortografía de

julio de 1999. En el texto aparecen tres mayúsculas que hoy consideraríamos incorrectas. ¿Cuáles? ¿Por qué?

2) ¿Qué interpretación haces del uso de los puntos suspensivos en el texto?

3) Explica el uso de los signos de puntuación que aparecen en el siguiente fragmento:

«Y para que no pudiese quedarme duda, asomaron dos lágrimas en sus ojos. Yo creí adivinar, y le dije con generosa galantería:

—No intentes contármela: Las historias tristes me recuerdan la mía».

Texto 7[27]:

En el siguiente texto de Ildefonso Falcones, justifica el uso de todos y cada uno de los signos de puntuación desde «Joan dejó que su hermano [...]» hasta el final.

Una mañana, Ramón abandonó la playa en cuanto vio salir a Joan de casa de Pere.

—¿Qué le sucede a tu hermano? —le preguntó aun antes de saludarlo.

Joan pensó unos segundos.

—Creo que está enamorado de Aledis, la hija de Gastó el curtidor.

Ramón soltó una carcajada.

—Pues ese amor lo está volviendo loco —le advirtió—. Como siga así reventará. No se puede trabajar a ese ritmo. No está preparado para ese esfuerzo. No sería el primer *bastaix* que se

---

27 Ver corrección de los ejercicios en la pág. 118.

rompiese…, y tu hermano es muy joven para quedar tullido. Haz algo, Joan.

Esa misma noche Joan intentó hablar con su hermano.

—¿Qué sucede, Arnau? —le preguntó desde su jergón.

Éste guardó silencio.

—Debes contármelo. Soy tu hermano y quiero…, deseo ayudarte. Tú siempre has hecho lo mismo conmigo. Permíteme compartir tus problemas.

Joan dejó que su hermano pensase en sus palabras.

—Es…, es por Aledis —reconoció. Joan no quiso interrumpirlo—. No sé qué me pasa con esa muchacha, Joan. Desde el paseo por la playa… algo ha cambiado entre nosotros. Me mira como si quisiera…, no sé. También…

—También ¿qué? —le preguntó Joan al ver que su hermano callaba.

«¡No pienso contarle nada aparte de las miradas!», decidió al momento Arnau con los pechos de Aledis en su memoria.

—Nada.

—Entonces, ¿cuál es el problema?

—Pues que tengo malos pensamientos, la veo desnuda. Bueno, me gustaría verla desnuda. Me gustaría…

Ildefonso Falcones: *La catedral del mar*.
Barcelona, Grijalbo, 2006, págs. 237-238.

Texto 8[28]:

En este texto de Carlos Fuentes, hemos encontrado 4 casos anómalos en el uso de distintos signos de puntuación. Hemos subrayado (en cursiva) los fragmentos donde se producen. ¿Podrías

---

28 Ver corrección de los ejercicios en la pág. 119.

identificar los signos que faltan, explicar por qué deberían haberse usado y justificar el estilo del autor en cada caso?

Félix se tocó involuntariamente la cara. La mirada acuosa de Berstein se volvió impermeable. El antiguo alumno sacudió la cabeza como para librarse de un nido de arañas. Entró a la recámara del profesor decidido a no caer en ninguna trampa y sin duda Berstein traía en las bolsas de su saco de verano color mostaza, ligero pero abultado, más de una treta.

—Pasa Félix. ¿De qué te extrañas?

—¿Me reconoce? —murmuró Maldonado.

Berstein se detuvo con una sonrisa de ironía asombrada.

—¿Por qué no te iba a reconocer? Te conozco desde hace veinte años, cinco en la Universidad, nuestros desayunos, nunca te he dejado de ver… o de querer. ¿Quieres un whisky? Con este calor, no se sube. Pasa, toma asiento, querido Félix. *Qué gusto y qué sorpresa.*

—¿No acaba de decir que me estaba esperando? —dijo Félix al sentarse en un equipal rechinante.

—Siempre te espero y siempre me sorprendes —rio Berstein mientras se dirigía a una mesita llena de botellas, vasos y cubitos de hielo nadando en un platón sopero. Vació una porción de J&B en un vaso y le añadió agua de sifón y hielo:

—*Desde que te conocí me dije, ese muchacho es muy inteligente y llegará muy lejos* si no se deja llevar por su excesiva fantasía, si se vuelve más reservado y no anda metiéndose en lo que no le concierne…

Carlos Fuentes: *La cabeza de hidra.*
Barcelona, Argos-Vergara, 1979, págs. 123-124.

Corrector ejercicios sobre
signos de puntuación

(Os recordamos que los números que aparecen inmediatamente detrás remiten a la regla que se puede consultar para justificar el uso concreto del signo de puntuación utilizado).

1.ª SESIÓN

Teoría: 1: verdadero, 1; 2: falso, 67; 3: verdadero, 36; 4: falso, 89; 5: falso, 62.

¿Sabrías cuál de las dos es la correcta?

1: Correctos A y B: Tanto el paréntesis como la barra pueden usarse aquí. R. 86.
2: Correctos A y B: podemos combinar los signos indistintamente. R. 69.
3: Correcto A: los dos puntos separan la idea general del ejemplo concreto. R. 46.
4: Incorrectos los dos: el vocativo «Juan» debe ir entre comas. R. 33.

Práctica:

1. Llegué al aeropuerto, (17) tomé un taxi, (17) me alojé en el hotel.

2. El agua, (29) transparente, (29) dejaba ver las piedras del fondo.

3. Considerando las pruebas aportadas, (25) deberemos reconsiderar el proceso.

4. Aquellos alumnos, (29) que no regresarían, (29) se despidieron con una sonrisa.

5. Entregaré el trabajo mañana, (610) conque no puedo descansar nada.

6. Mi abuelo paterno, (30) Pedro, (30) falleció con sesenta y siete años.

7. ¡Los filetes de ternera de primera, (25) los compraron a 4,90 €!

8. El director, (30) un hombre servicial, (30) nos resolvió el problema rápidamente.

9. Habréis de estar, (28) no obstante, (28) muy atentos a los resultados.

10. Tenemos que hacer algo para solucionar el problema, (19) es decir, (19) debemos encontrar otro trabajo para ella.

11. Todos estaríamos allí, (31) comentó Antonio malhumorado.

12. A pesar de todo, (28) la decisión de seguir adelante con el plan es firme.

13. El jueves por la mañana, (25) estamos citados para ir al médico.

14. El mercado, (31) según afirmó ayer el director del Banco de España, (31) deberá ajustarse a las circunstancias de cada momento.

15. El mar, (29) que cada vez rugía con más violencia, (29) se elevó sobre el barco.

16. Si no tienes nada más que decir, (22) puedes retirarte.

17. Cuando llegues a la playa, (32) ¿qué es lo primero que harás?

2.ª SESIÓN:

Teoría: 1: falso, 106; 2: verdadero, 96; 3: falso, 10; 4: verdadero, 79; 5: falso, 37.

¿Sabrías cuál de las dos es la correcta?

5: Correctos A y B: porque la oración es muy corta, pero siempre podemos poner una coma cuando se produce una alteración en el orden lógico, en este caso el complemento circunstancial de tiempo («mañana») va delante. R. 25.

6: Correctos los dos. R. 70.

7: Correcto B: un uso poco conocido y utilizado que es correcto. R. 47.

8: Correcto A: R. 90.

Práctica:

1. Oídas las declaraciones, (31) concluyó el juez, (31) no había más que añadir.

2. Para prevenir el cáncer de piel, (25) evita tomar el sol sin protección.

3. Te llamaré cuando llegue allí, (18) así que deja el móvil conectado.

4. Para aprobar tu carrera, (32) ¿cuántas horas estudias al día?

5. Tráete de la tienda huevos, (26) patatas, (26) cebollas, (26) ajos y aceite.

6. María, (33) llama a tu hermano que vamos a comer.

7. No tendría la más mínima posibilidad de aprobar la asignatura, (23) porque lo habían examinado tres veces y suspendió.

8. ¡Vete ya, (33) Carmen!, (34) que no voy a repetírtelo dos veces.

9. Ernesto, (26) Julián, (26) Pedro y Esteban serán los profesores acompañantes en la excursión.

10. Póntelo, (34) porque refresca mucho y puedes enfermar.

11. Prepararemos una gran fiesta, (20) pero no digas nada para que sea una sorpresa.

12. Íbamos bajando cuando va Lola y, (35) ¡pataplán!, (35) se cayó en la rampa.

13. Pedrito tenía dos perros y Lola, (27) un gato.

14. Con cuatro tornillos y un alambre, (35) nadie sabe cómo, (35) construyó un coche que andaba.

15. Tenía juventud, (26) iniciativa y ganas de trabajar, y (24) no quería decepcionar a su padre.

16. El primer coche estaba demasiado estropeado y el segundo, (27) viejo.

17. Todas las circunstancias acaecidas tras los últimos atentados perpetrados en Mallorca, (40) han obligado a la Policía a extremar la vigilancia.

3.ª SESIÓN:

Teoría: 1: verdadero, 38; 2: falso, 80; 3: verdadero, 52; 4: falso, 69; 5: falso, 109.

¿Sabrías cuál de las dos es la correcta?

9: Correcto B: el imperativo pertenece al plano apelativo, la oración se separa del resto por una coma. R.33.
10: Correcto A: la partícula explicativa, «es decir», debe ir entre comas, R.19.
11: Correcto B: nunca se usa punto detrás de los puntos suspensivos y estos son solo tres. R. 71.
12: Correcto B: se trata de un uso poco conocido de los dos puntos pero correcto y muy interesante R. 48.

Práctica:

1. Juventud, (30) divino tesoro, (30) te vas para no volver.

2. Para arreglar esa ventana, (32) ¿a quién vas a llamar?

3. Los nietos, (35) ¡qué alboroto!, (35) irrumpieron en el salón corriendo.

4. Búscalo en la guía como «Almacenes electrodomésticos, (38) lavadoras».

5. Los exámenes se realizarán durante la primera semana del mes de septiembre, (18) y la no asistencia supondrá la pérdida del derecho a la evaluación.

6. No llegaríamos a Miño antes del anochecer, (610) por lo tanto más valía buscarse un refugio pronto.

7. Se llamaron de todo, (17) se tiraron de los pelos, (17) se dieron de patadas, (24) y se quedaron en paz.

8. Los alumnos de cuarto irán a Italia y nosotros, (27) a París.

9. Antonio Esteban, (30) el profesor de música, (30) dará un recital mañana.

10. María, (33) salga usted a la pizarra.

11. Respira, (17) come, (17) duerme, (17) ríe, (17) llora, (17) vive.

12. Tenía muy buena intención, (20) pero eligió un mal momento.

13. Debemos movernos en el hielo cuando aún podemos, (23) porque permanecer quieto es la muerte.

14. El muchacho era alto, (26) fuerte, (26), moreno y patizambo.

15. Y el profesor, (29) que me tenía ganas, (29) me mandó al director.

16. Cuando hayas terminado tus estudios, (32) ¿qué vas a hacer?

4.ª SESIÓN:

Teoría: 1: falso, 11; 2: verdadero, 90; 3: falso, 131; 4: verdadero, 82; 5: falso, 64.

¿Sabrías cuál de las dos es la correcta?

13: Correcto A: R. 35.
14: Correcto B: R. 95.

15: Correcto A: no usamos coma delante de la conjunción que enlaza los dos últimos elementos de la enumeración. R. 26.

16: Correcto B: en español, signos de apertura y cierre son obligados. R. 75.

Práctica:

1. Aquella gente tenía talento, (26) tiempo y ganas de aprender; (42.1) yo, (29) recién llegado, (29) no tenía otra cosa que hacer.

2. Justo cuando íbamos a salir, (35) ¡mira tú por dónde!, (35) apareció tu madre; (42.2, ilativa) así que no me digas que no la habías avisado, (23) porque no me lo creo.

3. Ella tenía juventud y yo, (27) una vida a cuestas; (42.1) ella tenía ganas de vivir y yo, (27) paciencia; (42.1) yo no la tenía más que a ella y ella, (27) el mundo a sus pies.

4. El asunto era que mi novia, (30) un bellezón impresionante, (30) me llamaría a eso de la tres y media; (42.2 adversativa) pero yo no estaría allí cuando ella llamara, (18) y necesitaba una buena excusa (,)[29] (18) o aquello habría terminado definitivamente.

5. Cuando la muerte pise mi huerto, (32) ¿quién firmará que he muerto de muerte natural?; (42.1) ¿quién vendrá a mi entierro?; (42.1) cuando las campanas doblen en mi funeral, (32) ¿quién rezará por mí?

6. ¡Niños, (33) que nos vamos!; (42.1) Juan, (33) que tienes que recoger la toallas; (42.1) Pedro, (33) ven aquí que te peine; (42.1) Enrique, (33) ayuda a tu hermano que no sabe dónde tiene la cabeza.

7. Tenía demasiadas tareas, (20) pero ningún deseo de hacer otra cosa que no fuera estar tumbado; (42.2 *explicativa*) es decir, (19) sabía lo que debía hacer, (20) pero no quería.

---

29 He dejado la coma entre paréntesis para señalar que es opcional, personalmente, si uso la que aparece antepuesta a la conjunción «y» no usaría la antepuesta a «o». Las dos comas a partir del punto y coma me parecen muchas pausas. (ver R. 41).

8. Con los niños de los demás, (25) era un santo y tenía toda la paciencia 238 del mundo; (42.2 *adversativa*) pero, (25) con los suyos propios, (25) al menor problema saltaba como un energúmeno.

9. Aclaradas la dudas, (22) si alguien tiene que ir al baño, (22) puede hacerlo ahora; (42.1) si no, (27) no podréis ir hasta que acabe el examen.

10. Elena y Pedro irían a por las entradas; (42.1) Inma y Juan, (27) a por las hamburguesas; (42.2 copulativa) y Pepe y Lola, (27) a por las bebidas.

5.ª SESIÓN:

Teoría: 1: falso, 53; 2: falso, 110; 3: verdadero, 98; 4: verdadero, 71; 5: falso, 91.

¿Sabrías cuál de las dos es la correcta?

17: Correcto A: R. 48.

18: Correcto B: R. 36.

19: Correctos los dos: cuando el gerundio se coloca detrás, podemos usarlo con o sin pausa intermedia. La coma le otorga expresividad. Cuestión de estilo e intención. R. 22.

20: Correcto A: R. 96.

Práctica:

1. Podrían hacer cambiar de idea a su madre, (29) sentimental y sensiblera; (42.1) su padre, (30) aquel ogro con cara de melón, (30) era otra historia.

2. No tendrían que cruzar el río aquella noche, (31) opinaba María; (42.1) no tenían más remedio que atravesarlo, (31) afirmaba Esteban.

3. ¡María, (33) sal de una vez del cuarto de baño!; (42.1) ¡arréglate en tu cuarto, (33) niña!; (42.1) ¡deja ya que los demás, (25) alguna vez, (25) podamos usar la ducha!; (42.1) ¿vale?

4. Sin embargo, (28) cuando ya estaba a punto de irme, (25) llegó ella, (35) ¡qué maravilla tan inesperada!, (35) repartiendo sonrisas a diestro y siniestro; (42.1)[30] aunque la esperaba, (25)[31] no pude evitar sentir un nudo en la boca del estómago; (42.2 *copulativa*) y, (35) para colmo, (35) los pies se me habían quedado clavados en el suelo.

5. Por mucho que le apeteciera, (25) no se acercaría a su antigua casa, (30) la casa de sus padres; (42.1) es curioso cómo la memoria juega con nosotros, (18) porque había conseguido superar la pérdida de sus padres, (20) pero no la de aquella casa que lo vio crecer.

6. Por una parte, (28) teníamos la posibilidad de regresar a casa aquella misma tarde; (42.2 *distributivas*) por otra, (27y 28)[32] la posibilidad de continuar con la caminata hasta lograr nuestro objetivo.

7. Anduvieron las calles de la vieja judería, (29) adormecida por los cuartos de la torre de la catedral y los olores enloquecidos de los jazmines; (42.1) se detuvieron en cada tienda, (26) en cada esquina, (26) en cada blancura salpicada del sol de la siesta; (42.1) entraron, (25) por fin, (25) en casa de Rafael Moral, (18) y se recrearon entre los capotes y los tra-

---

30 Este punto y coma podría ser un punto. Debemos recordar que la elección de uno u otro es, a veces, estilística y depende del grado de trabazón lógica existente entre las oraciones.

31 Hemos considerado 25 porque el nexo, en lugar de aparecer en su posición lógica, esto es, entre las dos oraciones coordinadas que relaciona, lo hace encabezando la oración. Supone, pues, una alteración de orden clara antes que una pausa por nexo disyuntivo.

32 Si no consideramos las distributivas entre las oraciones coordinadas, tendríamos que considerar estas secuencias como complementos circunstanciales antepuestos a sus respectivos predicados. En cualquier caso, por 28 o 25, estas pausas son obligadas.

jes de luces que guardaba en el sótano fresco solo al alcance de unos cuantos amigos detrás de una sonrisa de cristal.

8. Con una buena sonrisa, (25) ganarás un amigo para un día; (42.2 *adversativas*) pero con lealtad, (25) ganarás un amigo para toda la vida.

9. Si las mirabas desde arriba, (22) las sardinas parecían tan oscuras como la arena del fondo del mar; (42.1) si las mirabas desde abajo, (22) las escamas blancas de su vientre se confundían con la claridad del cielo.

10. Al llegar a Italia, (32) ¿adónde irás?; (42.1) ¿has pensado en la ruta que vas a seguir; (42.1) ¿tienes dónde alojarte o vas a la aventura?

6.ª SESIÓN:

Teoría: 1: falso, 83; 2: verdadero, 65; 3: verdadero, 40; 4: verdadero, 111; 5: falso, 99; 6: verdadero, 12.

¿Sabrías cuál de las dos es la correcta?

21: Correcto B: el signo se coloca donde se inicia la exclamación. R. 76.
22: Correcto A: R. 50.
23: Correcto A: R. 37.
24: Correcto A: Usamos la coma en sustitución de un verbo elíptico. R. 27.

Práctica:

1. Con el teatro, (25) Jacinto Benavente; (42.1) con la poesía, (25) Juan Ramón Jiménez; (42.1) con la narrativa, (25) Camilo José Cela: (44) estos tres autores lograron el premio Nobel.

2. Yo, (30) Andrés Pérez Jiménez, (30) vecino de Córdoba, (30) con DNI n.º 30.345.564 V, (26) con domicilio en C/ Machaco n.º 8, 3-3, (26)

EXPONGO: (49)

—Que me he mudado a esta ciudad recientemente. (7)

—Que adjunto contrato de arrendamiento sobre mi residencia habitual. (7)

SOLICITO: (49)

Ser empadronado en la ciudad a los efectos oportunos. (7)

3. «Dime con quién andas y te diré quién eres»: (46) mira a Juan, (29) que empezó con las bromas de sus amiguitos por la feria, (26) con las litronas, (26) con los canutos, (26) con las noches en blanco; (42.2 *copulativas*) y acabó, (25) como todos ellos, (25) tonto y tirado en una acera.

4. El gran mago Merlín, (30) el Encantador, (30) en su libro *Sortilegios terrae* conservado en la Biblioteca de Medina Azahara, (25) afirma: (50) «Las noches de luna llena son puertas abiertas entre los mundos que podemos utilizar pero, (35) ¡cuidado!, (35) pueden también ser utilizadas para menoscabar nuestro poder; (42.1) antes del atardecer, (25) hemos de esparcir romero recién cortado por el suelo para crear un aura defensiva en torno a nuestra alcoba». (8)

7.ª SESIÓN:

Teoría: 1: verdadero, 92; 2: falso, 72; 3: falso, 54; 4: verdadero, 84; 5: falso, 66.

¿Sabrías cuál de las dos es la correcta?

25: Correcto B: R. 87.
26: Correctas A y B: R. 76.
27: Correcto A: R. 51.

28: Correcto B: R. 39.

Práctica:

1. Se compró aquel bolso rojo, (30) el que llevó a tu fiesta de cumpleaños; (42.1) después, (25) se compró un reloj, (35) ¡qué cosa más bonita!, (35) uno de marca, (29) también rojo, (29) con la esfera rosita; (42.1) después, (25) llegó a la mesa un inmigrante, (29) de esos que van cargados de cosas por las playas, (29) y le compró unas gafas de sol enormes: (47) cuando llegó la hora de pagar la comida, (25) se había quedado sin dinero.

2. Hablamos de posición explosiva en la sílaba cuando el sonido aparece abriendo la sílaba; (42.3) por ejemplo: (51) el sonido «p» en la sílaba «pa». (6) Posición implosiva, (27) cuando el sonido aparece cerrando sílaba; (42.3) por ejemplo: (51) el sonido «r» en la sílaba «por». (6) Y, (25) por último, (25) posición trabada, (27) cuando el sonido consonántico se encuentra entre una consonante explosiva y la vocal; (42.3) por ejemplo: (51) la consonante «l» en la sílaba «plan». (8)

3. En aquella reunión, (25) teníamos que decidir dos asuntos: (43) el primero, (27) si cerrábamos o no la empresa; (42.2 *distributivas*) y el segundo, (27) si disolvíamos o no la sociedad.

8.ª SESIÓN:

Teoría: 1: verdadero, 104; 2: falso, 41; 3: falso, 93; 4: falso, 132; 5: verdadero, 4; 6: verdadero, 73 y 74.

¿Sabrías cuál de las dos es la correcta?

29: Correcto A: debemos usar «,» separando los verbos en yuxtaposición. R. 17.
30: Correcto A: R. 98.

31: Correcto B: R. 76.
32: Correcto A: R. 52.

Práctica:

1. Tuvimos que quedarnos a dormir una noche más: (47) el vuelo lo habían retrasado por la nieve; (42.1) las carreteras, (35) ¡qué desastre!, (35) las habían cortado; (42.2 *copulativas*) y, (25) de cualquier forma, (25) cuando quisimos arrancar el coche, (25) no hubo manera.

2. En español, (25) existen tres conjugaciones verbales: (45) primera conjugación, (27) verbos terminados en «-ar»; (42.2) segunda conjugación, (27) verbos terminados en «-er»; (42.2 *copulativa*) y tercera conjugación, (27) verbos terminados en «-ir»[33].

3. Querida Lola: (48) Hemos llegado muy bien de nuestro crucero por el Mediterráneo; (42.1) esto es un paraíso, (20 *adversativa*) aunque balanceado; (42.1) tu padre se ha pasado medio viaje en el baño vomitando, (20 *adversativa*) pero tendrías que haber visto su cara de niño delante de cada piedra y cada atardecer; (42.1) llegaremos el martes a las 8. (6) Te llamaré. (6) Un besote muy fuerte (8).

9.ª SESIÓN:

Teoría: 1: verdadero, 13; 2: falso, 85; 3: falso, 113; 4: falso, 101; 5: verdadero, 66.

¿Sabrías cuál de las dos es la correcta?

33: Correcto A: No se separa sujeto de predicado por coma. R. 40.
34: Correcto B: R. 99.

---

33 Tendríamos o podríamos haber usado los dos puntos y aparte para introducir la clasificación a modo de enumeración. En realidad, se trata esta regla de una variante de las dos anteriores.

35: Correcto A: Debemos utilizar la coma detrás de «yo» en sustitución de un verbo elíptico («tengo»). R. 27.

36: Correctos los dos: la barra y los dos puntos alternan en este uso. R. 53.

Práctica:

1. Ahora tenía la oportunidad de estudiar una carrera: (47) había aprobado selectividad, (26) sus padres estaban dispuestos a seguir pagando sus estudios, (26) era joven... (55) Todo estaba a su favor. (6) Teniéndolo todo, (32) ¿por qué se sentía angustiado? (71) Podía triunfar en los estudios, (20) pero y si trabajaba como un burro y... (56) no lograba aprobar; (42.2 *copulativa*) y si todo aquello no servía para nada, (22) ¿qué haría entonces?

2. Julián va y le dice a María: (50) «¡Quien a buen árbol se arrima, (25) buena sobra le cobija!». Y María, (25) sin inmutarse, (25) va y le responde: (50) «¡No por mucho madrugar... (59)!». Todos nos reímos de Julián, (35) ¡a ver qué íbamos a hacer!, (35) y es que María es una hija de... (59), (17) más vale no cruzarse con ella. (8)

3. Ahora que por fin le había declarado su amor todo cambiaría, (26) todo sería diferente, (26) todo... (54) Debía calmarse, (26) tranquilizarse, (26) serenar su ánimo; (42.1) estaba demasiado excitado para pensar con claridad y, (25) ahora, (35) ¡esa era la clave!, (35) debía pensar con más calma que nunca si no quería meter la pata. (6) Una cosa había cierta: (43) esta era la oportunidad que había estado esperando. (8)

10.ª SESIÓN:

Teoría: 1: verdadero, 60; 2: falso,1; 3: falso, 73; 4: falso, 66; 5: verdadero, 133; 6: verdadero,114.

¿Sabrías cuál de las dos es la correcta?

37: Correcto B: la coma no debe usarse en estos casos. R. 41.

38: Correcto B: Se trata de una construcción con valor condicional. Al ir antepuesta, el uso de la coma es obligado. R. 22.

39: Correcto A: no se usan las comillas en el estilo indirecto. R. 104.

40: Correcto A: al no haber signos de puntuación intermedios entre las exclamaciones, se interpreta que están separadas por puntos. La mayúscula es obligada. R. 77.

Práctica:

1. Sabía que no podía pedir ayuda: (47) su marido y sus hijos estaban en la maldita fiesta del colegio. (6) Había salido arrastrándose de la habitación en cuanto oyó los primeros ruidos en la planta baja; (42.1) había seguido el pasillo conteniendo la respiración y deteniéndose a cada segundo para escuchar; (42.1) había logrado llegar hasta el armario ropero que había junto al baño, (18) y se había acurrucado cerrando la puerta con mucho cuidado. (6) Solo un hilo de luz entraba por la cerradura, (17) tenía la sensación de que los latidos de su corazón se oirían más allá de la puerta, (26) por toda la planta, (26) por toda la casa y... (57) la cerradura comenzó lentamente a girar. (8)

2. Todas las virtudes son importantes: (43) la fe, (26) la fortaleza, (26) la templanza... (55); (42.2 adversativa) pero si me preguntaras cuál es mi favorita, (22) te diría que la esperanza. (6) Creo que es la esperanza la que, (25) con su luz, (25) alimenta y da cobijo a todas las demás para que puedan crecer en nuestro corazón. (8)

3. Estaba serio, (26) mirando al suelo, (26) con la mirada fija en un punto más allá de cualquier parte. (6) «¿Qué piensas hacer ahora?» —preguntó el padre con un hilo de voz—. (6) «Algo haremos, (17) somos jóvenes y en cualquier par...» (58). «¡No digas gilipolleces! (71) Estás hablando con tu pa-

dre —gritó a su hijo con los ojos abiertos como platos y la venas del cuello rompiéndole la camisa—. (6) Pero (28) ¿tú qué sabes de la vida, (33) imbécil?, (17) acabas de condenarte de por vida por una mierda» —su tono había cambiado y ahora se miraba las manos y subía los hombros con la impotencia del fracasado. (8).

11.ª SESIÓN:

Teoría: 1: verdadero, 103; 2: verdadero, 86; 3: verdadero, 95 (ver comillas); 4: falso, 14; 5: falso (hay tres excepciones), 9.

¿Sabrías cuál de las dos es la correcta?

41: Correcto B: al no haber conjunción entre los dos últimos elementos, la enumeración queda abierta. R. 55.

42: Correcto A: al haber pausas internas, la separación oracional es preferible con punto y coma. R. 42.1.

43: Correcto A: los ordenadores del discurso se separan del resto del texto por una coma. R. 28.

44: Correcto B: el nombre ya está destacado por el uso de la mayúscula: R. 105.

Práctica:

—¿(65) Cuánto dinero tienes ahorrado para el viaje? (65) —preguntó su amigo mientras apuraban el último sorbo de un café ya frío. (7)

—No lo sé exactamente... (56) unos mil euros quizá. (7)

—En la agencia de mi primo hay una oferta a Méjico, (17) ¿(65) quieres que le pregunte (65)? —insistió con gesto de querer agradar. (7)

—No, (35) gracias, (35) no es necesario, (20) pero ¿(65) sabes lo que me gustaría que hicieras? (65)... (56) No sé si pedírtelo —Julián tomó aquello como un signo de buena suerte. (6) Si empezaba a confiar en él... (59) (7)

—No, (27) dime lo que tú quieras. (7)

—Pues... (56) que me cuidaras a Fuffy mientras estoy de viaje. (7)

Había pasado de amante en ciernes a cuidador de perros, (35) ¡uf!, (35) ¿(65) cómo había ocurrido? (65), (67) ¿(65) en qué momento se había convertido en un pagafantas? (65), (67) ¿(65) tenía solución o era una condena de por vida? (65 y 71) La muy c... (59 y 61) Todo el rato lo había estado manipulando. (6) Solo quería a alguien que le cuidara su perrito. (7)

12.ª SESIÓN:

Teoría: 1: falso, 75; 2: verdadero, 115; 3: falso, 100; 4: verdadero, 134; 5: verdadero, 67; 6: falso, 95, ver comillas. (2.10).

¿Sabrías cuál de las dos es la correcta?

45: Correctos A y B: R. 78.

46: Correctos los dos: los puntos suspensivos acentúan el matiz de duda. R. 56.

47: Correcto B: al haber pausas anteriores, situamos el punto y coma delante del nexo. R. 42.2.

48: Correctos los dos: también sería correcto encerrar el nexo adversativo entre dos comas (R.20) pero en oraciones cortas, resulta innecesaria la pausa.

Práctica:

—Don Francisco López, (33) ¿(65) puede levantarse? (65 y 71) Gracias. (6) Responda, (25) por favor, (25) a la siguiente pregunta: (43) durante el Romanticismo, (32) ¿(65) qué autor destacó como prosista? (65 y 71)

—José Zorrilla con *Las cartas marruecas.*

—Tranquilícese, (17) la pregunta es fácil, (17) intente hacer memoria; (42.1) ¿(65) quién es el prosista más destacado del Romanticismo, (30) famoso por sus artículos? (65 y 71)

—¿(65) Podría repetirme la pregunta? (65 y 71)

—¿(65) Cómo no? (65 y 71) Dígame el nombre del prosista romántico más importante. (7)

—De lo de Zorrilla estoy seguro... (56) pero de lo de las cartas esas... (56) no sé... (56) Es que había mucho que estudiar y claro, (25) al final, (25) siempre me toca a mí. (7)

—Vamos a ver si nos aclaramos: (47) Zorrilla fue poeta y dramaturgo, (30) el autor del don Juan Tenorio; (42.1) *Las cartas marruecas* es una obra en prosa, (35) en efecto, (35) pero del periodo de la Ilustración y fueron escritas por José Cadalso y no por Zorrilla; (42.2 *copulativa*) y yo, (25) ahora, (25) en este momento, (25) le estoy preguntando por prosa romántica: (47) ¿(65) lo sabe o no lo sabe? (65 y 71)

—Claro que lo sé, (17) lo que pasa es que ahora no me acuerdo. (6) Lo que me pasa es que no estoy bien adaptado curricularmente, (17) ¿(65) sabe usted? (65 y 71)

—Pues, (25) en ese caso, (25) haga el favor de sentarse correctamente, (23) que se está torciendo su currículo. (8)

13.ª SESIÓN:

Teoría: 1: falso, 87; 2: verdadero, 15; 3: falso, 2; 4: falso, 16; 5: verdadero, 78.

¿Sabrías cuál de las dos es la correcta?

49: Correctos A y B: R. 106.

50: Correctos A y B: R. 80.

51: Correcto A: no se deja espacio entre puntos suspensivos y el signo utilizado a continuación. R. 63.

52: Correcto B: al haber pausas previas, utilizamos el punto y coma en la separación de oraciones delante del nexo. R. 42.2.

Práctica:

—¡(75) Hola! (75) ¿(65) Cómo estás? (65 y 71)

—¡(75) Bueno, (26) bueno, (26) bueno! (75 y 71) ¡(75) Pero si es el buenazo de Jorge! (75 y 71) Tío, (33) ¿(65) qué es de tu vida? (65 y 71)

—Da igual que pasen veinte años, (17) ¿(65) verdad? (65 y 71) ¡(75) Siempre igual! (75 y 71)

—¿(65) Qué dices de igual ni igual? (65): (46) veinte años más, (26) treinta kilos más, (26) cien ilusiones menos, (26) doscientas arrugas más y... (55) ¡(75) En fin! (75), ¿(65) qué te voy a contar que tú no sepas? (65 y 71)

—Pues habla por ti, (23) que yo estoy fenomenal y, (35) ¡(75) por mis m... (59)! (75), (35) que no echo de menos aquella época en que tenía que aguantar tus collejas, (26) tus empujones, (26) tus puñetazos y tus gilipolleces. (7)

—¡(75) Anda ya! (75) Eran bromas de buen rollo. (6) Aquello sí que era vida y no esta mierda. (7)

—Mira, (34) tienes la mierda que te mereces; (42.1) para mí, (25) aquello sí era una mierda, (18) y esto es la gloria. (6) Pero no te preocupes, (17) no te guardo ningún rencor. (6) Por supuesto, (28) ni te voy a dar este trabajo ni voy a ser tu jefe. (6) Si conociéndote como te conozco encima te contratara, (22) el imbécil sería yo. (7)

14.ª SESIÓN:

Teoría: 1: verdadero, 105; 2: verdadero, 95; 3: verdadero, 135; 4: verdadero, ver 10; 5: verdadero, 67; 6: verdadero, 88.

¿Sabrías cuál de las dos es la correcta?

53: Correcto B, cuando la oración tiene cierta extensión. R.18.
54: Correctos los dos, el adjetivo explicativo puede ir entre comas o sin ellas. R. 29.
55: Correcto A: R. 82.
56: Correcto B: en español es obligado el uso del signo de abertura de la interrogación. R. 65.

Práctica:

Todo empezó en la Biblioteca ((81) la Municipal, (30) siempre que hable de Biblioteca me refiero a la Municipal) (81) cuando me encargaron aquel informe sobre el estado de algunos de los incunables para el Departamento de Filología. (6) Había una ficha borrosa ((81) letras desgastadas) (81) aunque la cartulina parecía relativamente nueva; (42.1) remitía a la sección de libros «Obstat» ((85) prohibidos) (85). (6) Esa sección se encontraba en una parte reservada de la Biblioteca ((83) Sección 3, (26) Mód. 6 y 7) (83); (42.1) sin duda, (25) el consultarlo me retrasaría, (20) pero me pudo la curiosidad. (6) Me levanté, (17) me acerqué al mostrador y solicité el libro. (6) La secretaria me miró con el ceño fruncido por encima de sus gafas de media luna ((81) no era amiga de que la molestaran mientras chateaba tranquilamente (81)). (7) Cuando me trajeron el libro, (17) no se parecía a nada que yo hubiera visto antes. (6) Era tan pequeño como un misal ((83) 8 x 14 cm) (83), (17) estaba claro que la encuadernación era de pergamino, (29) basto y oscurecido. (6) No había título en el lomo. (6) Unas simples abreviaturas en la portada que enseguida interpreté: (50) «AD PERP ((87) etuam) (87) MEM ((87) oriam)» (87). (6) Se correspondería probablemente a un panegírico ensalzando las bondades de un difunto; (42.2 adversativa) pero ¿(65) por qué fue prohibido? (65) Aparecía además una nota manuscrita en la parte inferior derecha, (30) tinta marrón ((82) ¿sangre?) (82), (30) escritura irregular, (30) con esta leyenda: (50) «Exceptio inadimpleti ((87)... (60)) (87)». (6) Finalizaba con un trazo ilegible. (8)

15.ª SESIÓN:

Teoría: 1: verdadero, 61; 2: verdadero, 1; 3: falso, 117; 4: verdadero,106; 5: falso, 95.

¿Sabrías cuál de las dos es la correcta?

57: Correcto A: ver R. 42.3.
58: Correcto A: cuando la extensión lo pide, situamos la coma delante del nexo subordinado. R. 23.
59: Correcta B: las aposiciones explicativas siempre van entre comas. R. 30.
60: Correctos los dos, pero el paréntesis es un uso normalizado para estos casos y resulta más conciso. R. 83.

Práctica:

Abrí el libro con mucho cuidado, (18) y... (57) encontré una hoja plegada entre la cubierta y la contraportada. (6) La desplegué ((81) hoja pequeña [(90) 10 x 6 cm] (90), (26) de papel cuadriculado, (26 y 89) amarilleada por el tiempo [(90) con toda seguridad menos de 20 años (90)], (26 y 89)) arrancada de forma descuidada [(90) desgarro en la parte superior izquierda] (90), (26 y 89) escrita a bolígrafo [(90) trazos fuertes e irregulares (90)] en español) (81) y me quedé atónito; (42.1) alguien había colocado aquella hoja de papel para que no abriera el libro: (50) «No sigas y, (22) si puedes, (22) destrúyelo». (6) Más abajo podía leerse ((82) en esos momentos agradecía a María José su curso de Paleografía (82)): (50) «Obispo Clemente Armentía, (29) ex-comulgado, (30) A.[(92) nnus](92) D. [(92) omini] (92) 1486». (8)

16.ª SESIÓN:

Teoría: 1: falso, 36; 2: verdadero, 96; 3: verdadero, 83; 4: falso, 71; 5: verdadero, 69; 6: falso, 66.

¿Sabrías cuál de las dos es la correcta?

61: Correcto B: El signo se sitúa donde da comienzo la interrogación. R. 66.

62: Correcto A: R. 43.

63: Correcto B: La oración subordinada encabezada por «si», se separa la principal («no dudaría...») por una coma, aunque en oraciones muy cortas puede omitirse- R.22.

64: Correcto B: se trata de la oración principal de una oración en estilo directo: «Su profesor le advirtió: "Si no vienes, no podré calificarte"». R. 31.

Práctica:

El manejo del diccionario es fundamental para el correcto empleo del idioma. (6) Imaginemos que estamos leyendo «(97) Epístolas fallidas» (97), (30) capitulo de la obra *La valija rota*, (30) y nos encontramos con la siguiente frase firmada por D. Armijo: (50) «(95) [...] (93) Mariano, (30) mi "(100) Nicasio Niporesas" (100), (30) tenía un espíritu inane que me enloquecía y desesperaba por momentos [...]» (93) (95). (6) La palabra «(98) inane» (98) no es frecuente ((81) personalmente no la había oído nunca antes de este momento y solo recuerdo una palabra que presente cierta coincidencia fónica: (43) «(98) inanición» (98)) (81); (42.1) ante este hecho podemos hacer dos cosas: (43) una, (27) seguir leyendo y quedarnos con la idea «(99) grosso modo» (99) ((85) de forma aproximada) (85) de que Mariano tenía algo en su espíritu ((81) no sabemos qué) (81) que la enfurecía; (42.1) dos, (27) detenernos y buscar la palabra en el diccionario. (7) Si nos vamos al diccionario, (22) encontraremos la siguiente definición: «(95) Adj.: vano, super-fluo, vacío, despreocupado» (95 y 103). (6) Ahora entiendo que lo que la enloquecía por momentos era observar en él un es-píritu sin contenido, (26) despreocupado, (26) alejado de ese compromiso que ella necesitaba. (6) Creo que no es necesario ((81) porque ha quedado sobradamente demostrado) (81) in-sistir más sobre cómo el uso del diccionario mejora nuestra capacidad de comprensión. (8)

17.ª SESIÓN:

Teoría: 1: verdadero, 118; 2: verdadero, 68; 3: verdadero, 97; 4: falso, 39; 5: verdadero, 2.

¿Sabrías cuál de las dos es la correcta?

65: Correctos los dos, pero A es más preciso. La aclaración de un significado de un término mediante el paréntesis es un uso nor-malizado: R. 83.

66: Correcto A: no podemos usar el punto detrás del signo de interrogación, pero sí la coma. R. 67.

67: Correcto B: R. 44.

68: Correcto A: las oraciones yuxtapuestas, si no hay pausas in-termedias interiores, se separan entre sí por comas. R. 24.

Práctica:

Todavía estaban esperando en la estación. (6) Algunos hacían cola delante de la ventanilla de billetes; (42.2 *distributivas*) otros deambulaban con cara de estar siempre buscando algo que nunca llegan a encontrar; (42.2 *distributivas*) otros, (29) sentados, (29) se aislaban en sus libros, (26) revistas, (26) folletos de viaje, (26) periódicos, (26) móviles... (55 y 61)

—(108) Cuando llegues a Madrid, (32) ¿(65) sabes qué metro debes coger? (65 y 71)

—(108) Me lo has hecho repetir mil veces. (7)

—(108) Llámame en cuanto llegues —(107) le insistió el padre una vez más. (7)

—(108) Ya te he dicho que te llamaré, (17) no me hagas sentir incómodo como cuando era un niño —(107) miraba al suelo, (18) como cuando era pequeño y temía una regañina por su parte. (7)

—(108) No estaré tranquilo hasta que lo hagas, (17) lo siento. (7)

Una voz metálica sonó por megafonía: (50) «(95) AVE Sevilla-(114) Madrid hace su entrada por el andén n. (10)º 2» (95). (6) Los letreros de la estación comenzaron a girar sobre sí mismos ofreciendo cantidades ingentes de información organizada en hileras horizontales que bailaban, (17) se detenían, (17) ascendían: (43) 8-(116) AGOS-(116) 2012, (26) 7.40-(115) 11.45, (26) 8.40, (26) VÍA-(117) 2, (26) SALIDA, LLEGADA... (55) y vuelta a recolocarse en el panel con un ruido metálico como de hojas pasar, (20) a pesar de que los paneles hacía largo tiempo que eran electrónicos. (6) El padre mantenía fija la mirada en su hijo: (50) «(96) Tengo que decirle que lo quiero, (26) que siempre los he querido, (26) que nunca nada fue culpa suya, (17) tengo que abrazarlo... (55 y 61) Se va a ir pensando que nunca he confiado en él» (96). (6) «(95) Última llamada a los viajeros con destino Madrid, (17) el tren va a efectuar su salida» (95), (17) la voz metálica los despertó de ese letargo. (7)

—(108) Cuídate, (34) es todo cuanto te pido —(107) dijo el padre. (7)

—(108) No te preocupes, (17) te llamaré cuando llegue. (7)

Subió al tren sin volver la vista atrás y se dirigió directamente al vagón-(110) restaurante para pedir un whisky-(110) cola con que tratar de nublar la memoria de su padre. (8)

Teoría: 1: verdadero, 112; 2: verdadero, 94; 3: falso, 60; 4: falso, 116; 5: falso, 77.

¿Sabrías cuál de las dos es la correcta?

69: Correcto B: Es una interrogativa parcial, podemos separar la parte enunciativa de la interrogativa separándola por una coma. R. 32.

70: Correcto B: R. 83.

71: Correcto A: pueden agruparse pero la interrogación, dentro. R. 69.

72: Correcto B: un uso de los dos puntos poco conocido. R. 44.

Práctica:

Departamento Municipal de Gestión de Residuos Sólidos de Seu D' (129) Urgell. (7)

Muy Sr. (9) / (123) Sr.ª (10) nuestro/ (123) a/ (123) s: (48)

Se ha cursado contra el/ (123) la/ (123) los/ (123) las propietario/ (123) a/ (123) s de ese inmueble, (30) Sr./ (123) Sra.[34] Damián Argüelles (119) Martínez, (30) según nos consta en los archivos de empadronamiento de nuestra Secretaría, (29) sito en C/ (124) O´ (129) Donnahaw s/ (124) n, (29) una denuncia por depositar residuos sólidos en los contenedores públicos fuera del horario establecido para ello (20- (115) 22 h). (7) El Reglamento Munici-

---

34 Es costumbre muy extendida en los documentos oficiales el no personalizar el documento, con lo que nos encontramos, como en este caso, que se nos presente la alternativa «Sr.» o «Sra.» cuando quien escribe la carta sabe que el destinatario es un hombre. De la misma forma, sabiendo que el destinatario es uno y es varón, podría haberse eliminado del encabezamiento tanta barra para indicar posibles alternancias de género y número. Es más cómodo rellenar la línea de puntos en el ordenador sin molestarse en reelaborar el documento. No obstante, sería muy de agradecer por parte de los ciudadanos tener, al menos, la impresión de que están pensando en nosotros, es decir, que se pierda ese minuto de tiempo en personalizar el documento que vamos a recibir.

pal vigente ((83) Pleno de 5- (116) IV-(116) 1999, (26) art. (9) 408, (26) pág. (9) 65- (115)6) (83) establece como sanción 350 € para la infracción de depositar residuos sólidos en los contenedores públicos fuera del horario establecido al efecto. (6) Asimismo, (28) se le/(123) s comunica que dispone/ (123) n de un periodo de 15 días naturales para presentar cuantas alegaciones/ (123) reclamaciones estime/ (123) n oportunas ante este Consistorio. (7) Según lo establecido en las Ordenanzas Municipales ((83) Ord. (9) 1476 de 3- (116) II- (116) 1995, (26) BOP 20- (116) II- (116) 1995) (83), (25) el pago voluntario de la sanción impuesta, (29) previo al requerimiento, (29) le dará derecho a una bonifi- cación del 40 % del valor de la sanción. (7) Asimismo, (28) se le/ (123) s notifica que, (25) de no personarse en este Ayuntamiento en el plazo indicado, (18) o no abonar el importe requerido an- tes de la fecha, (25) se dará por finalizado el procedimiento por vía administrativa y se procederá a la aplicación de las medidas previstas por vía ejecutiva. (7)

Atentamente,

Respuestas:
Ejercicios de puntuación
sobre textos escogidos

(8 sesiones de refuerzo y perfeccionamiento
con los mejores maestros)

Corrección texto 1

¿Querido quién? ¿Me atreveré a decirle todavía «querido Yuri», sólo por el recuerdo de que, (25) cuando estábamos juntos y usted era él, (25) le quería de veras? Ahora le escribo esta carta para decirle adiós. Durante algunas horas, (25) olvidamos que yo también soy un agente; el servicio me ha cogido otra vez, (17) me tiene otra vez atrapada. Me voy de París y, (25) a lo mejor, (25) no vuelvo más. El asunto que me aparta de usted es arriesgado, (18) más que otros, (18) y no parece imposible que, (25) por eso, (25) me hayan escogido a mí. Quizás haya gente a la que no le guste que yo acabe casándome con Yuri: yo soy uno de ellos.

Tengo dos cosas que decirle: la primera que, (22) unos días más de convivencia con De Blancas, (22)[35] y me hubiera acostum-

---

35   La construcción tiene valor condicional: «Si hubiera convivido más con él, me hubiera acostumbrado».

brado a él. Es un caballero, (17) me gusta su aspecto, (17) me gusta su manera de hablar, (18) y lo mismo que usted curioseó mis libros en mi casa, (25)[36] yo repasé los suyos en la suya. ¿Por qué no desear, (17) por qué no pensar, (17) que un día de éstos De Blancas, (26) usted y yo coincidiríamos en el mismo verso? Con la misma franqueza le digo que me costó un esfuerzo incalculable convivir con Maxwell, (18) y usted sabe las razones. ¡Qué lástima que todo haya salido mal!

La segunda es un ruego. Vaya de vez en cuando a mi piso, (18) en el que todavía tiembla un puñal en un rincón del techo; pase en él algún tiempo, (17) acuérdese de mí, (18) y encienda las velas de los iconos. Si se acaban, (22) las encontrará iguales en la sacristía de cualquier iglesia ortodoxa. Le supongo enterado de que, (25) para nosotros, (25) cada vela que arde tiene el valor de una oración.

Irina.

La prisa me impide dejar la vajilla lavada. Perdóneme.

Corrección preguntas texto 1:

1) El autor usa comillas en «querido Yuri», ¿son correctas?, ¿qué regla siguen?

Son correctas, su uso puede ser intencionado para destacar una palabra en el texto (R. 99). No obstante, en este caso, parece que esa denominación literal fue usada antes en su relación, por lo que su uso está relacionado con la R. 95.

2) Al principio del segundo párrafo aparecen los dos puntos («Tengo dos cosas que decirle: [...]»): ¿qué regla obliga al uso de estos dos puntos?

---

36   Se trata de una oración subordinada comparativa que aparece anticipada a su oración principal. La estructura oracional sería «Yo curioseé sus libros como (igual que) usted curioseó los míos».

Se trata de la R.43, una enumeración anunciada previamente («dos cosas») se separa de los elementos enumerados por dos puntos.

3) En el texto aparecen varias oraciones interrogativas. Observa los espacios de separación que hay entre el signo de apertura de interrogación y la palabra o signo anterior. Los espacios que hay entre el signo de apertura de la interrogación y la primera palabra y la última palabra y el signo de cierre de la interrogación: ¿se han usado correctamente los espacios?; ¿por qué?

Sí. Los signos de apertura aparecen separados un espacio de la palabra anterior. La palabra siguiente aparece inmediatamente detrás del signo de apertura sin espacio intermedio. La última palabra de la interrogación se sitúa inmediatamente antes del signo de interrogación de cierre. Entre el signo de interrogación de cierre y la palabra o el signo siguiente, se deja un espacio.

4) Observa que detrás del signo de interrogación de cierre y del signo de admiración de cierre en el texto no aparecen puntos; ¿es correcto? ¿Por qué?

Es correcto: R. 71.

CORRECCIÓN TEXTO 2

Dos días más tarde, (25) Óscar nos dio una buena noticia: (43) los análisis revelaban una anemia ferropénica que explicaba algunos trastornos. Le recetó compuestos de hierro, (26) reposo en cama dura y unos corticoides. Mi ánimo fluctuante se recuperó. Ella seguía condicionándolo todo. Ojalá sea sólo eso decía. ¿Por qué ojalá? Ya está visto. Óscar lo ha dicho. Deseaba a toda costa que ella lo creyera. Al día siguiente regresamos a casa. ¿Qué? Había ansiedad en los ojos de Alicia, (26) en los apremios de Martín, (26) en los silencios de Nicolás: (50) Todo resuelto.

Una anemia ferropénica, (25)[37] dije. Ella alzaba los ojos y movía la cabeza, (22) denegando. (6) Alicia me dijo luego que le había dicho: (50) No quiero desilusionar a tu padre, (20) pero Óscar únicamente ha apuntado la anemia como una posibilidad.

Por la tarde me encerré en el estudio. Canturreaba, (17) silbaba como hacía tiempo que no lo hacía. Me parecía que inauguraba una nueva era. Empecé un cuadro, (20) pero, (25) a la media hora, (25) se atascó, (17)[38] di cuatro brochazos violentos y lo dejé. Estaba literalmente vacío. Lo mío no se curaba con hierro, (17) era irremediable. Si ella va a restablecerse, (22) ¿por qué no me sale nada?, (25)[39] me preguntaba perplejo. (6)[40] Pero la impericia de mi mano, (26) la sequedad de mi cabeza, (26) se me antojaban definitivas. Me excité tanto que arrojé los pinceles y los tubos de pintura contra el lienzo, (17) propiné dos patadas al caballete, (17) a los botes esparcidos por

37 Miguel Delibes juega, a veces, con esta confusión entre narrador y personaje (ver también *Los santos inocentes)*; la estructura oracional y los signos de puntuación correctos en este caso serían: Dije: «Todo resuelto. Una anemia ferropénica». O, situando el verbo de lengua al final introducido por un guion. Hemos analizado esa coma como 25, es decir, alteración del orden, dado que la cita antepuesta actúa como complemento directo del verbo «dije» y aparece antepuesto. Es cierto, como también lo es que el autor ha usado conscientemente una estructura híbrida entre el estilo directo y el indirecto donde sí se usa la coma en lugar del guion en caso de posposición. Observad cómo el punto que aparece detrás de «resuelto» nos indica claramente que la puntuación en esa oración es independiente al resto del texto.

38 Observad como, en este uso, podríamos haber usado los dos puntos (47), estamos separando causa (agotamiento) de consecuencia (dar cuatro brochazos). El autor ha preferido la coma, deja la relación lógica más abierta.

39 Se trata de la misma técnica que hemos observado anteriormente. Es una oración en estilo directo; su redacción, siguiendo el orden lógico sería: «Me preguntaba perplejo: Si ella va a restablecerse, ¿por qué no me sale nada?». Delibes no ha usado comillas, ha pospuesto el verbo de lengua (me preguntaba) y lo ha separado del complemento directo por una coma, en lugar de usar la raya.

40 Se podría haber usado aquí un punto y coma: la trabazón lógica de los enunciados y el ir introducida la segunda por una conjunción adversativa, así lo aconsejarían. Pero al usar el punto, como yo mismo acabo de hacer ahora, el autor ha querido recalcar el cambio de ritmo y contenido de la siguiente oración.

el suelo y me tumbé muy agitado en el diván. (6) Respiraba anhelosamente, (17) me oprimía el pecho. Pensé en el infarto, (20) pero era la rabieta lo que dificultaba mi respiración. Tendrá que ser así, (25)[41] me dije; también a los artistas nos llega la menopausia.

CORRECCIÓN PREGUNTAS TEXTO 2

1) Los signos dobles como el paréntesis, las comillas o los guiones enmarcan un grupo de palabras, una oración, con sus propios signos de puntuación independientes de la oración donde aparecen insertos. Si no ponemos el signo de apertura, podemos generar confusión en el lector. ¿Sabrías decirme si sucede esto en el texto, dónde y por qué?

Sí se produce. Por ejemplo, en el primer párrafo, los dos puntos que aparecen detrás de «Nicolas», así como el verbo de lengua «dije» que aparece tras «Todo resuelto. Una anemia ferropénica» nos indican que se trata de una cita textual que debería haber aparecido entre comillas, de la misma forma que «dije» debería haber aparecido precedido de un guion. El autor ha suprimido estos signos para transmitir al lector la sensación de una reflexión en un todo continuo en el que todo se está produciendo en su mente, sin separar el plano objetivo —lo que se dice y los demás escuchan— del plano subjetivo —monólogo interior—. Se trata de un recurso de estilo. Puede provocar confusión en el lector. El punto que aparece en la secuencia anterior detrás de «Todo resuelto» pertenece al interior de la cita y

---

41 Se trata nuevamente del peculiar uso que hace Miguel Delibes del estilo directo en el texto. En este caso, el verbo de lengua aparece en el interior de la frase, y en lugar de separarlo mediante rayas, lo hace encerrándolo entre una coma y un punto y coma. La oración sería la siguiente: Me dije: «Tendrá que ser así, también a los artistas nos llega la menopausia». En el caso de posponer el verbo de lengua: «—Tendrá que ser así […] —me dije».

no al contexto. Pero trasladando esta confusión al lector, también trasladamos la confusión mental del propio personaje.

2) En la primera oración del segundo párrafo, el autor podría haber usado una coma para indicar la anteposición del complemento circunstancial de tiempo. ¿Por qué crees que no lo ha hecho?

La regla 25 es de aplicación obligatoria cuando las oraciones son largas. En este caso, la oración es corta y su uso es opcional. El autor ha preferido no usarla.

3) En la última oración del texto propuesto, aparece un punto y coma. Trata de justificar su uso.

Lo académico y correcto hubiera sido introducir la voz del personaje entre guiones siguiendo la regla 107 («—dije—»). De haberlo hecho así, el signo usado hubiera sido la coma separando las oraciones yuxtapuestas (R.17). Ya hemos visto cómo el autor ha preferido introducir la voz del narrador separada por una coma (pregunta 1). Esto nos lleva a la aplicación de la regla 42.1, es decir, el uso del punto y coma en oraciones yuxtapuestas cuando ya se ha usado coma previa.

4) A mediados del primer párrafo aparece una interrogación: «¿Qué?». Está aislada entre dos puntos. ¿Qué sentido tiene? ¿Es el narrador quien se dirige al lector, o lo hace hacia sí mismo? Trata de comprender su uso y el sentido que tiene en el texto.

Se trata de la pregunta, en estilo directo, que los personajes allí reunidos (Alicia, Martín y Nicolás) hacen al protagonista. «Todo resuelto. Una anemia ferropénica, dije» supone la respuesta a esta pregunta. La posible confusión viene dada por la ausencia de comillas en la interrogación.

—(108) No es mala idea —(107) dijo el militar—(107), y, sobre todo, mala o buena, yo la he de llevar a cabo. ¿Y qué haremos para que esa lechuza de Coletilla no nos estorbe?

—(108) Coletilla no nos estorbará. De lo menos que él se ocupa es de la muchacha, cuyo porvenir no le importa un comino. El no se ocupa más que de... (58)

—(108) De conspirar, ¿eh?

—(108) Pues ya. Amigo don Claudio, Elías es hombre fuerte y tiene amistades muy altas. Puede mucho, y así, con su humildad y su melancolía, es persona que maneja los títeres. Le digo a usted que se va armar una... (59)

—(108)¿(65) Conque conspiran? (65) Si conspiran los realistas es seguro que tú estarás con ellos, ¿(65) no? (65)

—(108) Hombre, yo... (56) —(107) contestó Gil, maliciosamente— (107), yo soy hombre de orden, y nada más. Si ando con Elías y me trato con los suyos es sólo por enterarme de sus manejos, pues... (58)

—(108) Siempre el mismo truhán redomado: nadie como tú ha sabido navegar a todos los vientos.

—(108) Y sabe usted, señor don Claudio —(107) contestó Carrascosa— (107), que me acusaron de realista y me quitaron mi destino. Yo, ¿(66) qué iba a hacer? (65) ¿(67) Iba a morirme de hambre? (65) Las ideas no dan de comer, amigo. Usted, que es rico, puede ser liberal. Yo soy muy pobre para permitirme ese lujo.

—(108) ¡Solemne tunante!

—(108) Lo que hago es estar al cabo de todo. ¿(65) Quiere usted que acabe de ser franco? (65) Usted es buen amigo y buen caballero. Voy a ser franco. Pues sepa usted que esto se lo va a llevar la trampa. Esto se viene al suelo y no tardará mucho. Se lo digo yo y bien puede creerme. Dice usted que soy un solemne tunante. Bien: pues yo le digo a usted que es un tonto rematado. Usted es de los que creen que esto va a seguir, y que va a haber

Libertad y Constitución, y todas esas majaderías. ¡Qué chasco se van a llevar! Le repito que esto se lo lleva Barrabás, y, si no, acuérdese de mí.

Corrección preguntas texto 3

1) En el último párrafo aparece: «Bien: pues yo le digo a usted que es un tonto rematado». ¿Obedece a alguna de las reglas estudiadas?

No exactamente, no obstante, las reglas 46 y 47 establecen el uso de los dos puntos para separar oraciones entre las que existe una relación de causa-consecuencia y uno de los miembros es concreto, mientras que el otro es más extenso. Entendemos «Bien» como un adverbio de modo que aglutina anafóricamente toda la oración anterior. Lo que aparece a continuación de los dos puntos expresa una consecuencia, el posicionamiento propio frente al ajeno expuesto en la oración anterior.

¿Podría haberse usado otro signo?

Sí, la coma. La diferencia está en el tono. La coma nos transmitiría la impresión de actitud reflexiva en el personaje, como si lo que viene a continuación fuera el hilo de sus pensamientos. Los dos puntos expresan una actitud más brusca y representan mejor oposición creciente que va experimentando el personaje frente a su interlocutor.

Corrección preguntas texto 4:

1) *El uso es correcto y se atiene a la regla 108.*

2) *El uso es correcto. La regla 107 nos indica que si detrás del inciso del narrador continúa la intervención dialogada iniciada antes del inciso, debemos utilizar el guion de cierre. Por el contrario, si no continúa esa intervención, no usaremos*

guion de cierre y acabaremos en un punto seguido o aparte. Es el uso que se hace en el texto.

3) El de una enumeración abierta, equivalente a «etcétera». Sigue la regla 55.

4) No. Si pusiéramos ahí un punto y seguido, serían ya cuatro puntos en lugar de tres. Debemos dejar un espacio entre los tres puntos y la palabra siguiente tal y como se hace en el texto siguiendo la regla 61.

5) En efecto, la oración se inicia con un ordenador del discurso, un «pero» adversativo, seguido de un complemento preposicional, complemento circunstancial que está situado delante del sujeto y el predicado («el viejo Tahír» —sujeto— y «se impacientó [...]» —predicado—). Siguiendo la regla 28, el ordenador del discurso puede separarse del resto de la oración por una coma; y, siguiendo la regla 25, cuando se altera el orden lógico oracional, el elemento desplazado se encierra entre comas y, en este caso, tenemos un complemento circunstancial antepuesto. El autor, pues, podría haber escrito: «Pero, al cabo, el viejo [...]».

CORRECCIÓN PREGUNTAS TEXTO 5:

1) Los guiones dobles pueden usarse en lugar del paréntesis cuando los incisos son breves (regla 106), y en su uso relativo a introducir notas aclaratorias o incidentales sobre el texto (regla del paréntesis 81). En el texto se usan tres veces los guiones dobles: 1) «[...] desde su retiro —¡destierro!— [...]; 2) «[...] se padece —no lo achaque V. a adulación— la ausencia de Unamuno [...]»; 3) «[...] pero —entre nosotros— estaban destinados [...]». En el primer caso se trata de una aclaración, al hilo de su discurso, el autor se arrepiente de la palabra «retiro» y usa los guiones para rectificar entre signos de admiración «¡destierro!». En los casos 2 y 3, se trata de incisos en los que el autor interrumpe el hilo discursivo para dirigirse puntualmente al receptor; a través de los guiones separa los dos planos discursivos. (R.106)

2) *En el primer caso («[...] estaban destinados a caer en la espuerta de la basura [...]»), final del segundo párrafo, los puntos suspensivos no son del autor, sino míos para significar al lector que falta parte del texto, sigo la regla 60. En el segundo caso («[...] mientras España...»), se trata de dejar la oración sin terminar, en el aire. Uso recogido en la regla 54.*

3) *En dos de los tres de los casos, el uso es correcto. La regla 97 nos indica que los títulos de obra se escribirán en letra cursiva cuando esto sea posible, y en textos mecanografiados o manuscritos se subrayarán. En el texto,* Agonía del Cristianismo, Juan de Mañara *y* Adelfos *se corresponden a títulos de obras literarias. Sin embargo, el último uso que aparece* ne varietur *solo se justifica por tratarse de un latinismo poco corriente. Este uso está reservado a las comillas, según la regla 99.*

4) *En el primer caso, se trata de un uso típico del punto y coma, marca la separación entre dos oraciones coordinadas adversativas cuando en su interior aparecen otras pausas, como es el caso (42.2). El segundo es diferente porque se trata de relacionar dos oraciones yuxtapuestas en las que no existen pausas que justifiquen el uso del punto y coma. La única explicación es de estilo: el autor ha querido subrayar el significado de la segunda oración remarcando la pausa intermedia mediante el uso del punto y coma en lugar de la coma.*

5) *Uso típico recogido en la regla 48, separamos por dos puntos el vocativo de cortesía del cuerpo del escrito en las cartas.*

6) *Es correcto y se recoge en la regla 116.*

1) *En efecto, en el primer párrafo aparece: «Aquellos ojos de reina india eran lánguidos y brillantes: Me pareció que a la vez reprochaban y consentían», y ya en el diálogo: «No intentes contármela: Las historias tristes me recuerdan la mía» y «He cometido el más abominable de los pecados: Un pecado del que sólo puede absolverme Nuestro Santo Padre». En los tres casos, se ha utilizado mayúscula detrás de los dos puntos y seguido. Solo podemos usar mayúscula detrás de dos puntos y seguido si estamos ante un vocativo de cortesía en una carta, o estamos ante una cita textual (ver R. 140), por lo que contraviene la norma.*

2) Aparecen los puntos suspensivos en tres ocasiones al final del diálogo:

«—Iré yo sola… Mi pecado es mío nada más.

»—Por amor y por galantería, yo debo cometer uno igual… ¡Acaso ya lo habré cometido!

»La Niña Chole levantó hacia mí los ojos llenos de lágrimas, y suplicó:

»—No digas eso… ¡Es imposible!».

El primero y el tercero pertenecen a la intervención de la niña Chole, está hablando entre sollozos, trata de reproducir el diálogo entrecortado del emisor en esas circunstancias (R. 56). El segundo pertenece a su interlocutor, se trata de una frase inacabada que invita al receptor a terminarla sin resultado (R. 54).

3) *1: Coma: alteración del orden lógico oracional, «[…] para que no pudiese quedarme duda […]» es una oración subordinada final antepuesta a su predicado —«[…] asomaron dos lágrimas a sus ojos»— (R. 25).*

2: Punto y seguido: establece la separación entre dos oraciones independientes pertenecientes al mismo párrafo (R.6).

3: *Coma: separa dos oraciones coordinadas copulativas situada antes del nexo (R.18).*

4: *Dos puntos: introduce la intervención de un personaje en un diálogo en estilo directo (R. 50).*

5: *Raya simple: introduce cada una de las intervenciones de un personaje en los diálogos (R. 108).*

6: Dos puntos: separa dos oraciones entre las que hay una relación de causa consecuencia y se ha omitido el nexo («No intentes contármela (porque): Las historias tristes me recuerdan la mía») (R.47).

CORRECCIÓN TEXTO 7

Joan dejó que su hermano pensase en sus palabras. (7)[42]

—Es... (56), (17) es por Aledis —(107) reconoció. (6) Joan no quiso interrumpirlo— (107). (6) No sé qué me pasa con esa muchacha, (33) Joan. (6) Desde el paseo por la playa... (56) algo ha cambiado entre nosotros. (6) Me mira como si quisiera... (56), (17) no sé. (6) También... (56 y 58)

—También ¿(65 y 66) qué? (65) —(107) le preguntó Joan al ver que su hermano callaba. (7)

«(96) ¡(75) No pienso contarle nada aparte de las miradas! (75)» (96), (25) decidió al momento Arnau con los pechos de Aledis en su memoria.(7)

—Nada. (7)

—Entonces, (25) ¿(65) cuál es el problema (65)?

—Pues que tengo malos pensamientos, (17) la veo desnuda. (6) Bueno, (28) me gustaría verla desnuda. (6) Me gustaría... (56)

---

42   En realidad se trata de un punto y seguido. Es una intervención del narrador en medio del diálogo estructurado con guiones de inicio.

Corrección fragmentos texto 8

Fragmento 1:

«Entró a la recámara del profesor decidido a no caer en ninguna trampa y sin duda Berstein traía en las bolsas de su saco de verano color mostaza, ligero pero abultado, más de una treta».

Se trata de una oración larga, más de dos líneas. Al ser compuesta, deberían haberse usado algunas pausas intermedias antes de llegar a «[...] ligero pero abultado [...]». En concreto, podría usarse una coma delante de «y» para separar por extensión las oraciones coordinadas copulativas (R.18), o prescindir de esa pausa y encerrar entre comas el complemento preposicional «sin duda», complemento circunstancial antepuesto al sujeto de la oración —«Berstein»— y al predicado (R. 25). Otra solución sería usar el punto y coma en el primer caso delante de «y» (R. 42.2) y usar las comas para enmarcar el complemento preposicional. Es decir: «[...] no caer en ninguna trampa; y, sin duda, Berstein traía [...]».

En cuanto a tratar de comprender su uso, quizás el autor, a través del mensaje continuo y con pocas pausas, haya tratado de trasladar un pensamiento continuo, nervioso y poco estructurado en el momento de tensión para el que se está preparando.

Fragmento 2:

«Pasa Félix. ¿De qué te extrañas?».

En este caso, el signo que falta es una coma separando el imperativo del vocativo (R. 33 y 34). Su uso es obligado. La única causa que puede haber llevado al autor a no usarlo es una errata o el haber considerado que es una secuencia tan breve que la pausa distorsiona.

Fragmento 3:

«Qué gusto y qué sorpresa».

En este caso, faltan los signos de admiración (R. 75). Sin embargo, la mera acentuación de las partículas ya traslada al lector ese tono y la ausencia de signos, el hecho de que no hay exageraciones ni entusiasmo excesivo en sus palabras. Sería lo contrario de multiplicar los signos para manifestar entusiasmo en ejemplos del tipo «¡¡¡Felicidades!!!» (R. 77).

Fragmento 4:

«Desde que te conocí me dije, ese muchacho es muy inteligente y llegará muy lejos».

El autor ha usado coma en lugar de los dos puntos para separar lo dicho en estilo directo («ese muchacho es [...]») de su verbo de lengua principal (dije) (R. 50). Es un uso anómalo. Lo correcto sería «Desde que te conocí, me dije: «Ese muchacho es [...]». A veces, como ya vimos en el caso de Miguel Delibes, utilizan estas modificaciones para trasladar al lector determinadas sensaciones. En este caso, el tono supuestamente amigable e informal que el profesor pretende adoptar frente a su antiguo alumno. Podría ser.

Reglas del uso de los signos de puntuación

1. Uso de los espacios de separación con los signos de puntuación

[R. 1]: Los usamos pegados a la palabra que siguen, es decir, sin dejar espacio entre la última palabra y el signo de puntuación. La palabra siguiente al signo la anotaremos dejando un espacio de separación tal y como acabamos de hacer en este mismo párrafo.

[R. 2]: Los signos dobles (de interrogación, de exclamación, paréntesis, corchetes, raya y comillas), en el signo de apertura, se separan con un espacio de la palabra o signo al que siguen; y escribimos la palabra siguiente a continuación y sin espacio. Así:

      ᘐ Y entonces preguntó: ¿Sabes dónde vas?

En este caso, hemos separado el signo de apertura de los dos puntos anteriores por un espacio. Asimismo, la primera palabra después del signo de apertura de la interrogación, «*Sabes*», se ha situado inmediatamente detrás del signo, sin espacio intermedio.

[R. 3]: En cambio, los signos de cierre los colocamos inmediatamente detrás de la última palabra sin que medie espacio, como podemos observar en el ejemplo anterior, en el que el signo de cierre «?» aparece inmediatamente detrás de «vas».

[R. 4]: Si lo que sigue a continuación es una palabra, dejaremos un espacio de separación. Por ejemplo:

ও El poeta (Antonio Machado) dijo que...

Observa cómo hemos colocado el signo de cierre de paréntesis inmediatamente detrás de la última palabra, «Machado», y que hemos separado la palabra inmediata al signo de cierre de paréntesis, «dijo», con un espacio.

[R. 5]: En cambio, si lo que sigue es un signo de puntuación, lo situamos inmediatamente detrás del signo de cierre. Por ejemplo:

ও Me preguntó: «¿Vas a venir?».

El signo de cierre de la interrogación se ha situado inmediatamente detrás de la última palabra sin espacio intermedio. Lo mismo hemos hecho con las comillas respecto al signo de cierre de la interrogación.

2. CLASES DE SIGNOS DE PUNTUACIÓN Y REGLAS DE USO

A continuación, iremos tratando las reglas que rigen el empleo de los distintos signos de puntuación, empezando por los que usamos de forma más constante: el punto (.), la coma (,), el punto y coma (;), los dos puntos (:), los puntos suspensivos (...), los signos de interrogación (¿?) los signos de admiración (¿?), signos de paréntesis (( )), corchetes ([ ]), la raya (-) y las comillas («», ` ´).

El punto (.):

En la redacción, usamos tres clases de punto: el punto y seguido, el punto y aparte y el punto final.

Usamos el «punto y seguido» para separar oraciones gramaticales en el interior de un mismo párrafo. El párrafo es una unidad textual superior a la oración. Supone una unidad de intención de comunicación. Las oraciones que en él aparecen guardan entre sí relación semántica (en cuanto al significado): pueden tener una relación de continuidad en el tiempo (por ejemplo, en una narración donde contamos acciones que se suceden unas a otras), o una relación de continuidad en el espacio (por ejemplo, en una descripción para separar cada una de las partes descritas), o una relación lógica (por ejemplo, en una argumentación, en el análisis de una perspectiva concreta). En cualquiera de los casos, el punto expresa una pausa de entonación precedida de un descenso en el tono (más o menos brusco según sea la oración exclamativa o enunciativa) o de una elevación en el tono (ascendente o levemente descendente según sea interrogativa total o parcial) que hace comprender al oyente que hemos concluido una estructura gramatical y comenzamos otra nueva.

El punto y seguido debe usarse con frecuencia porque estructura la sintaxis y la intención lógica del discurso. Se debe vencer la tentación de acumular coordinaciones sobre subordinaciones construyendo oraciones excesivamente largas que suelen generar dificultad en la comprensión y, con frecuencia, ambigüedad cuando los elementos anafóricos (determinantes y pronombres) no se usan con precisión, lo que suele suceder habitualmente. Al cambiar de párrafo, continuamos con el mismo tema. El párrafo que sigue, como ocurría con las oraciones, guardará una relación lógica con el contenido del párrafo anterior y con el del siguiente, de ahí que hablemos de sintaxis de los párrafos. De hecho, a veces, los párrafos aparecen encabezados por conjunciones o locuciones conjuntivas que expresan de forma inequívoca esta relación (podemos cambiar de asunto, o seguir con el mismo pero cambiando la perspectiva, o introducir una matización extensa de lo expuesto en el párrafo anterior, etc.). Cuando hemos acabado de expresar una idea completa, matizada y queramos pasar a otra que amplía, restringe o cambia la perspectiva de enfoque de lo que venimos expresando, debemos cambiar de párrafo. Entonces utilizaremos el «punto y aparte». Al cambiar de párrafo, deberemos ampliar el espacio interlineal para que sea algo superior al que venimos usando entre las líneas del mismo párrafo. Y dejaremos sangría, esto es, la primera palabra que inicia el nuevo párrafo se escribirá de tres a cinco espacios dentro de la línea, dejando así un espacio superior en el margen izquierdo al del resto de las líneas del mismo párrafo.

Cuando hemos expresado de forma completa y precisa lo que queremos decir, y no tenemos intención de añadir nada más, cerramos el escrito con el «punto final».

En resumen:

[R. 6]: PUNTO Y SEGUIDO: es el que usamos para separar las oraciones dentro de un mismo párrafo. Se sitúa inmediatamente detrás de la palabra a la que sigue y con un espacio de separación con la palabra siguiente.

[R. 7]: PUNTO Y APARTE: es el que usamos para separar párrafos. La palabra siguiente se escribe en otra línea sangrada y separada por un espacio más de los que estemos usando en el interior del párrafo.

[R. 8]: PUNTO FINAL: es el que usamos para terminar un escrito.

Otros usos del punto:

[R. 9]: Usamos el punto detrás de las abreviaturas. Por ejemplo: «pág.» (página), «admón.» (administración), «avda.» (avenida), «Sr.» (señor), etc.

Excepción: No se usa el punto detrás de las abreviaturas con las que designamos los símbolos químicos, las unidades de medida y los puntos cardinales. Por ejemplo: «kg» (kilogramo), «N» (Norte), «Na» (sodio), «km» (kilómetro), etc.

[R. 10]: Cuando la abreviatura lleva una letrilla volada, primero se coloca el punto y detrás la letra volada. Por ejemplo: «n.º», «D.ª», «V.º B.º», etc.

Si la abreviatura se usa con barra inclinada al final, no se usa el punto. Por ejemplo: «C/ Deanes n.º 14».

[R. 11]: Podemos usar el punto en expresiones matemáticas para significar la multiplicación. Por ejemplo: 5 . 2 = 10 (en este uso alterna con el signo «x»).

[R. 12]: Podemos usar el punto para separar la cifra que representa la hora de aquella que representa los minutos en una expresión horaria. Por ejemplo: 12.30, 18.45 h, etc. (en este uso alterna con los dos puntos «:»).

[R. 13]: Podemos usar el punto para separar los números enteros de los decimales en la expresión de un número. Por ejemplo: «El valor de Pi es 3.1416» (en este uso alterna con la coma «,»).

Usos incorrectos del punto:

[R. 14]: Al anotar los años, no separaremos los millares de las centenas por un punto; escribiremos los números seguidos, sin separación. Por ejemplo:

∿ *2.009 (incorrecto).

∿ 2009 (correcto).

[R. 15]: No se usa el punto para separar millares de centenas al anotar la numeración de páginas, artículos o leyes. Por ejemplo:

∞ *Pág. 1.134 = incorrecto *Real Decreto 1.002/1.986 (incorrecto).

∞ Pág. 1134 = correcto Real Decreto 1002/1986 (correcto).

[R. 16]: Cuando se cita el título de una obra, este se escribirá con mayúscula inicial y no finalizará con un punto porque funciona como si de una sola palabra se tratase. Si estamos escribiendo a mano o a máquina de escribir, subrayaremos el título; si estamos escribiendo en ordenador usaremos otro tipo de letra, normalmente la inclinada, para escribir el título completo. Solo la letra inicial del título se escribirá en mayúscula y ninguna otra palabra en el interior del título se usará en mayúscula salvo que le corresponda por sí misma —por ser nombre propio, sería un caso—. Por ejemplo:

∞ *La obra *Las ratas*. de Miguel Delibes pertenece a su ... «(incorrecto).

∞ La obra *Las ratas* de Miguel Delibes pertenece a su... «(correcto).

Reflexiones finales sobre el uso del punto

El punto es la primera clave de una buena redacción y debemos esforzarnos en usarlo con frecuencia en nuestros escritos. Ya hemos dicho que, instintivamente, tendemos a acumular la información cuando escribimos y esto por dos causas: la primera es que pensamos a más velocidad de la que somos capaces de escribir, por lo que cuando estamos anotando una idea ya tenemos su desarrollo en nuestra mente y tendemos a agruparlo con lo que tenemos escrito por acumulación; la segunda es que, con frecuencia, a medida que vamos escribiendo, las ideas expresadas atraen a nuestra mente otras ideas relacionadas que introducimos al hilo del escrito. Estas matizaciones suelen expresarse mediante subordinaciones o incisos separados por comas o sin pausa de separación. El resultado es confuso.

Es recomendable:

1) Hacer un esquema previo al desarrollo de nuestro escrito. Perder un minuto antes de empezar a escribir para pensar qué queremos decir, con qué idea vamos a empezar y con cuál vamos a terminar mejorará siempre la coherencia de nuestra redacción (incluso los grandes genios hacen bocetos antes de pintar un cuadro).

2) Organizar nuestro escrito en párrafos que no sean ni muy amplios (no recomiendo más de quince líneas) ni excesivamente cortos (no recomiendo menos de ocho líneas). Si empezamos a escribir y observamos que llevamos una carilla de folio sin poner un punto y aparte, nos estamos equivocando. Es muy probable que haya un fallo de estructura y, en cualquier caso, dificultará la comprensión o el acercamiento del lector al contenido de nuestro escrito. Si miramos el escrito y observamos una sucesión de párrafos de dos o tres líneas, no estamos redactando, estamos haciendo un esquema.

3) Dentro de los párrafos, debemos usar el punto y seguido con frecuencia procurando evitar oraciones excesivamente largas (no recomiendo más de tres verbos conjugados por oración entre punto y punto). La falta de puntos en un párrafo suele deberse a la acumulación de ideas por atracción y, con frecuencia, provoca errores de coordinación, concordancia y coherencia.

La coma (,):

La coma representa una pausa menor en la entonación. Al usarla, mantenemos la entonación abierta, en suspenso, lo que hace comprender al oyente que la oración gramatical aún no ha concluido, y que lo que sigue debe entenderse como parte integrante del enunciado. Su uso es muy variado, como lo es la gama de inflexiones que podemos realizar con nuestro tono de voz en una conversación. Nos sirve, en general, tanto para separar entre sí las oraciones compuestas que integran una misma oración sintáctica o lógica, como para facilitar al oyente la interpretación del enunciado diferenciando elementos, funciones o planos del discurso en la estructura de la oración simple. Vamos a separar estos dos usos para estudiarlos con más claridad.

1. Para marcar, por la entonación, el límite entre las oraciones compuestas:

La coma, por sí misma, no separa oraciones a diferencia del punto. Pero cuando las oraciones guardan relación lógica o sintáctica entre sí y su extensión no es excesiva, podemos y, a veces, debemos usar la coma para señalar su separación y así facilitar al oyente una mejor comprensión de la estructura sintáctica de lo comunicado: estamos hablando de oraciones yuxtapuestas, coordinadas o subordinadas. En concreto, podemos señalar los siguientes casos:

[R. 17]: Usamos la coma para separar oraciones yuxtapuestas, es decir, aquellas entre las que no hay nexo de relación pero sentimos trabadas en su sentido lógico. Por ejemplo:

∾ Llegué, vi, vencí.

Debemos incluir en este apartado las coordinadas distributivas, dado que no usan conjunciones propiamente dichas y se sirven de elementos oracionales entre los que existe una relación semántica a través de la que podemos expresar un cierto «orden» en los elementos: de carácter temporal a través de adverbios —«Antes viajaba, ahora estoy siempre en casa»—, de alternancia de sujetos a través de pronombres —«Unos entraban, otros salían»—, o de cualquier otro elemento oracional que en su alternancia pueda transmitir idea de distribución. Esto hace que haya autores que no las consideren dentro del grupo de las coordinadas sino como yuxtapuestas. En cualquier caso, el uso de la coma es obligado en estos casos.

[R. 18]: En oraciones de cierta extensión, en general, usamos la coma delante del nexo de relación coordinado o subordinado. Por ejemplo:

    &ߛ; Me quedaré esta tarde en casa viendo la televisión, *porque* no tengo dinero para ir al cine (subordinada causal).

    &ߛ; Hemos discutido acaloradamente por una tontería, *y* no sé qué hacer (coordinadas copulativas)[43].

[R. 19]: En particular, los nexos coordinados explicativos («esto es», «es decir», «o sea», «mejor dicho», etc.) siempre van entre comas. Por ejemplo:

    &ߛ; Realizaré un plan de mejora, *es decir,* estudiaré cómo superar los actuales rendimientos.

[R. 20]: Se suele usar coma delante de los nexos coordinados adversativos («pero», «aunque», «sin embargo», «no obstante», «mas», «sino», etc.). Entre coordinadas adversativas, la coma es obligada en oraciones de cierta extensión. Por ejemplo:

---

43 Hemos de observar que, en estos casos, el uso de la coma es algo arbitrario, depende de cómo sienta el hablante la longitud y su cadencia de entonación; pero, cuando omitimos el nexo, la coma es obligada y estaríamos ante una yuxtaposición: «Me quedaré esta tarde en casa viendo la televisión, no tengo dinero para ir al cine» y «Hemos discutido acaloradamente por una tontería, no sé qué hacer».

ᨠ Había visto todas las películas de Antonio Banderas desde sus inicios, pero aquella logró sorprenderlo.

ᨠ El objetivo de la LOE era mejorar la calidad en la educación, sin embargo, sigue aumentando el fracaso escolar.

Cuando los enunciados son breves, no es necesario el uso de la coma aunque se trate de oraciones compuestas. Por ejemplo:

ᨠ Soy bueno pero no tonto.

[R. 21]: El uso de la coma es especialmente frecuente delante de los nexos coordinados ilativos[44] («luego», «por lo tanto», «por consiguiente», «en consecuencia», etc.). Por ejemplo:

ᨠ Hay mucho que hacer hoy en la oficina, por lo tanto deja de hacer el vago.

[R. 22]: La oración subordinada condicional («si», «a condición de que», estructura de gerundio, participio, etc.) suele ir antepuesta; en estos casos, se separará de la principal, pospuesta, por una coma. Por ejemplo:

ᨠ Si me llamara de nuevo (Or. Sub. Cond.), no dudaría en acudir en su auxilio (Or. Principal).

Un grupo especial es el constituido por las construcciones que llamamos absolutas, en la que un infinitivo, un gerundio o un participio adquieren valores de predicado. Estas construcciones toman con frecuencia valores condicionales, por ejemplo:

ᨠ De ser cierto, tendríamos que salir mañana (= si fuera cierto).

---

44 Muchos autores, entre ellos la RAE, consideran estas oraciones como subordinadas consecutivas, conjuntamente con las que aparecen significando una consecuencia de la intensidad expresada en la oración principal introducidas por nexos discontinuos como «tanto que», «tal que», etc. —«Comió tanto que vomitó»—. Sin embargo, mientras las primeras podemos encontrarlas separando elementos dentro de una misma oración —«Será un día largo, por lo tanto, provechoso»—, no sucede lo mismo en el segundo grupo. De ahí que prefiera considerarlas dentro del grupo de las coordinadas, a diferencia de las intensivas, que entrarían dentro del grupo de las subordinadas llamadas consecutivas.

∾ Llegarías antes subiendo por las escaleras (= si subieras…).

∾ El animal, tratado con respeto, era dócil (= si se trataba…).

En estos casos, cuando la construcción absoluta se antepone en la oración, el uso de la coma es obligado. Si aparece pospuesto y la extensión de la frase no lo obliga, incluso aislado y sin complementos, el uso de la coma otorga al gerundio o participio cierto valor expresivo, por ejemplo:

∾ Ella alzaba lo ojos y movía la cabeza, denegando.

[R. 23]: Cuando la extensión de la oración lo pide, separamos con coma las oraciones subordinadas de causa («porque», «pues», «a causa de que», etc.) de su principal. Por ejemplo:

∾ No tenía la más mínima posibilidad de irse de vacaciones, porque se había gastado todo lo que le quedaba.

[R. 24]: En oraciones yuxtapuestas, la coma delante del nexo que introduce la última oración significa que la relación lógica la establece con todo lo anterior y no solo con la oración precedente, como sucede con las enumeraciones. Por ejemplo:

∾ Se compraron dos pares de zapatos, almorzaron en un buen restaurante, se tomaron tres copas, y se quedaron en la gloria.

2. Para marcar la organización interna de los elementos de una misma oración:

Normalmente, colocamos los elementos oracionales en un orden habitual. El sujeto encabeza la oración; después se sitúa el verbo, núcleo del predicado; a continuación, el complemento base según la naturaleza del verbo (atributo, complemento directo o complemento régimen); después, el complemento indirecto si lo hay; y, por último, los complementos circunstanciales sin que haya entre ellos un orden necesario. Dentro del sintagma nominal, el adjetivo va detrás del nombre, y se sitúa delante solo si es explicativo, mientras que el complemento del nombre siempre se sitúa detrás del nombre al que se refiere. La siguiente oración estaría organizada siguiendo este esquema lógico:

> ∾ «Juan (sujeto) se compró (verbo) un coche (Compl. directo) ayer (Compl. Circ. de tiempo) en Córdoba (Compl. Circ. de lugar) para su negocio (Compl. Circ. de finalidad)».

2.1 Alteración del orden oracional. Cuando alteramos el orden lógico y desplazamos cualquier elemento en la oración, el elemento desplazado se puede o debe separar del resto de la oración por comas. Esta norma es más exigible cuanto más larga sea la oración. Observemos:

> ∾ 1: Compré (V.) el libro de Torrente Ballester (CD pospuesto) en un viaje a Madrid. / El libro de Torrente Ballester (CD antepuesto), lo compré en un viaje a Madrid.

> ∾ 2: No acudiré (V.) a la concentración de Madrid (CC Lugar) por esta y otras razones (CC Causa). / Por estas y otras razones (CC Causa antepuesto), no acudiré a la concentración de Madrid.

> ∾ 3: El cocinero (Suj.) trinchó (V.) el pavo (CD) con un cuchillo de sierra (CC Modo) en un santiamén (CC Modo). / El cocinero, con un cuchillo de sierra (CC Modo entre el sujeto y el verbo núcleo del predicado), trinchó el pavo en un santiamén.

> ∾ 4: Los excursionistas que fueron a Hornachuelos (Suj.) vieron (V.) una manada de ciervos (CD) abrevando en un arroyo (CC Modo) desde el mismo camino (CC Lugar). / Los excursionistas que fueron a Hornachuelos vieron, desde el mismo camino (CC Lugar entre el verbo núcleo del predicado y el complemento directo), una manada de ciervos abrevando en un arroyo.

En cambio, no es de aplicación cuando la frase es tan breve que no requiere pausa alguna. Por ejemplo: «El martes nos vemos» (CC Tiempo antepuesto)[45]. La regla podríamos enunciarla así:

---

45 La RAE, pág. 61, nos indica: a) «Si el elemento antepuesto admite una paráfrasis con "en cuanto a", es preferible usar la coma. Por ejemplo: "Dinero, ya no le queda" (Es posible decir "En cuanto al dinero, ya no le queda"). b) Si, por el contrario, admite una paráfrasis con "es lo que" o "es el que", no se emplea-

[R. 25]: Cuando se altera el orden lógico oracional, el elemento desplazado o antepuesto se encierra entre comas. Por ejemplo:

∾ Mañana, ven temprano para aprovechar más el tiempo. (CC Tiempo antepuesto).

2.2 Enumeraciones. Cuando realizamos una enumeración, los elementos se separan por comas excepto los dos últimos si se inserta entre ellos una conjunción coordinada copulativa («y», «e» o «ni») o una disyuntiva («o», «u» u «o bien») señalando así que se trata de una enumeración cerrada; o bien, separamos todos y cada uno de los elementos enumerados por comas cuando esta finaliza con etcétera o puntos suspensivos, señalando así que la enumeración queda abierta. Hemos de considerar que los elementos enumerados pertenecen a la misma categoría gramatical y aparecen en la oración desempeñando la misma función, o sea, podemos realizar una enumeración de sustantivos («Juan, Pedro, María y Begoña acudieron a la reunión») o de adjetivos («El muchacho era alto, fuerte, moreno y patizambo»), de sintagmas nominales («Un huevo, un poco de sal, un tenedor, un plato y una sartén es cuanto se necesita para hacer una tortilla»), de complementos preposicionales («Con tesón, con constancia y con educación se llega a todas partes») o, incluso, de verbos («Canta, ríe, baila y llora, pero vive»)[46].

---

rá coma. Por ejemplo: "Vergüenza debería darte" (Equivalente a "Vergüenza es lo que debería darte")». El problema es que también en el primer ejemplo propuesto por la Academia podemos decir «Dinero es lo que ya no le queda», con lo cual la regla resulta confusa. La extensión breve o larga y que sintamos o no la necesidad de una pausa interior en la oración es la clave para su uso correcto.

46   Aunque hay autores que lo desaconsejan, la enumeración puede enlazar elementos heterogéneos morfológicamente siempre que tengan una misma función. Por ejemplo, podemos incluir en una misma enumeración distintos adyacentes nominales: «Juan era regordete (adjetivo), atento (adjetivo) y de un hablar pausado (Compl. Preposicional)». Tanto «regordete», como «atento», como «de un hablar pausado» se refieren a «Juan» y todos van desempeñando la función sintáctica de atributo.

La regla, podemos enunciarla así:

[R. 26]: Se separan por comas los miembros de una enumeración, salvo los dos últimos cuando entre ellos haya una conjunción copulativa o disyuntiva. Por ejemplo:

ᔐ Me encontré un anillo, un reloj, una cartera y una pulsera.

2.3 Verbo elíptico. A veces, sobreentendemos el verbo porque resulta evidente o por dar una sensación de rapidez o nerviosismo. Cuando esto sucede, usamos la coma en el lugar que le correspondería al verbo omitido. Por ejemplo:

ᔐ Almudena era una buena estudiante y Rocío, (era) una descuidada.

ᔐ Pedro tenía una buena justificación para no hacerlo; pero Juan, (no tenía) ninguna.

Debemos considerar dentro de este uso los adverbios de afirmación o negación con los que encabezamos una respuesta a una pregunta previa, separándolos de la oración siguiente por coma. Por ejemplo:

ᔐ —¿Quieres venir al cine?
—Sí (quiero), hace tiempo que no voy al cine./ No (quiero), fui ayer.

Podemos redactar la norma así:

[R. 27]: Cuando omitimos un verbo, ponemos coma en su lugar. Por ejemplo:

ᔐ Tú tienes veinticinco años y yo, (tengo) veintitrés.

2.4 Ordenadores del discurso. En otras ocasiones, al principio de un párrafo o detrás de un punto y seguido, usamos conjunciones o locuciones conjuntivas[47]. Estas conjunciones no tienen valor de nexos oracionales, sino que establecen la

---

47 LOCUCIÓN CONJUNTIVA: conjunto de palabras que desempeñan la función propia de una conjunción.

relación lógica textual entre lo que venimos diciendo en todo lo anterior, y lo que vamos a decir a continuación. Los más frecuentes son los que establecen una relación adversativa («No obstante», «sin embargo», «pero», etc.), y consecutiva («por consiguiente», «por lo tanto», «en consecuencia», etc.). Estas conjunciones o locuciones conjuntivas, a las que llamaremos «ordenadores del discurso», se separan del resto de la oración con una coma. Por ejemplo: «Por consiguiente, debemos seguir afianzando las...», «Sin embargo, las relaciones establecidas pueden...», etc. También podemos encontrar estos ordenadores del discurso en el interior de la oración, no es infrecuente que aparezcan tras una conjunción «y» copulativa. Por ejemplo: «No tenía nada que ocultar. Y, sin embargo, sus ojos se mantenían apartados».

[R. 28]: Los ordenadores del discurso se separan de la oración por comas. Por ejemplo:

∾ Sin embargo, hay reglas que siempre se cumplen en el uso de la coma.

Debemos incluir en este apartado los adverbios o locuciones adverbiales que actúan con una función similar; es decir, se sitúan al principio de la oración y separados del resto del enunciado por una coma; suponen una respuesta o un posicionamiento por parte del hablante ante lo que anteriormente se ha dicho (valor anafórico) o lo que se va a decir a continuación (valor catafórico). Por ejemplo:

∾ Sí, iré contigo (el adverbio de afirmación no se refiere a su oración «iré contigo», es una respuesta afirmativa a una pregunta previa. Podríamos haber encabezado la secuencia con un adverbio de negación manteniendo la oración como afirmativa: «No, iré contigo»).

∾ Bien, a continuación hablaremos sobre el positivismo (el adverbio «bien» no responde a nada, supone un posicionamiento anímico del hablante frente a su elocución posterior. Con frecuencia constituyen muletillas que debemos evitar).

2.5 Adjetivos explicativos. También usamos la coma para subrayar el significado de un adjetivo bien porque sea explicativo[48] y nos interese darle un mayor énfasis al encerrarlo entre dos pausas de entonación («La nieve, *blanca,* se extendía...»), bien para expresar la relación especial que su significado guarda con el nombre al que acompaña, transformando el adjetivo especificativo[49] en un explicativo relativo («Su vida, *truncada,* no tenía adonde dirigirla»).

[R. 29]: Los adjetivos y oraciones subordinadas adjetivas con valor explicativo podemos destacarlos encerrándolos entre comas:

    ∾ La hierba, verde, se vistió de rocío.

    ∾ Los vientos, que resultaron devastadores, no dejaron de soplar.

2.6 La función aposición. En el sintagma nominal, la función aposición[50] también podemos encerrarla entre comas,

---

48 ADJETIVO EXPLICATIVO: aquel que significa una cualidad conocida del nombre y asociada a él. Por ejemplo: nieve *blanca*, nube *blanca*, yerba *verde*, cielo *azul*, etc., también llamado epíteto. En español podemos situarlo delante del nombre (la *blanca* nieve), detrás del nombre (la nieve *blanca*) o entre comas (la nieve, *blanca,*...).

49 ADJETIVO ESPECIFICATIVO: aquel que significa una cualidad peculiar del referente que lo diferencia de los demás, por lo que nos ayuda a identificarlo entre los de su grupo. Por ejemplo: niño *alto*, árbol *seco*, lápiz *rojo*, casa *grande*, etc. Siempre aparece pospuesto al nombre al que se refiere. Cuando lo anteponemos o lo encerramos entre comas, lo convertimos en un adjetivo explicativo relativo. Señalamos así que la cualidad es inherente a los referentes significados en el contexto. Obsérvese este ejemplo usado por don Andrés Bello: *Las mujeres cansadas se retiraron*, el valor del adjetivo es especificativo y aparece pospuesto; algunas mujeres estaban cansadas, esas y no todas se retiraron. En cambio, si decimos *Las cansadas mujeres se retiraron* o *Las mujeres, cansadas, se retiraron*, con el adjetivo antepuesto o encerrado entre comas, significamos que todas las mujeres allí presentes (relativo a las significadas en ese contexto) estaban cansadas y, por tanto, todas se retiraron.

50 APOSICIÓN: hablamos de aposición cuando un nombre o un sintagma nominal precisan el significado de otro nombre sin que medie preposición. Por ejem-

señalando así su valor explicativo. Con esto la diferenciamos del Complemento del Nombre que no se separa normalmente de su sustantivo mediante pausa.

[R. 30]: La aposición explicativa se encierra entre comas. Por ejemplo:

    ∾ Don Pedro Carrasco, insigne músico, nos deleitó con un recital.

2.7 En el estilo directo. En el estilo directo, podemos posponer la oración principal con el verbo de lengua suprimiendo los dos puntos en textos narrativos. En estos casos, la oración principal queda encerrada entre comas. Por ejemplo:

    ∾ Séneca dijo: «Para morir lo único que hace falta es estar vivo» . / «Para morir, dijo Séneca, lo único que hace falta es estar vivo».[51]

El elemento de enlace «que» ha desaparecido al insertar la oración principal «dijo Séneca», en el interior de la subordinada «lo único que hace falta para morir es estar vivo». La norma podríamos enunciarla así:

[R. 31]: Cuando posponemos la oración principal en estilo directo y la integramos en la subordinada, desaparecen los dos puntos y la oración principal se encierra entre comas:

    ∾ Si no llegas a tu hora, aseguró su madre, no te dejaremos salir.

---

plo: Rafael López, el director,... aquí encontramos dos aposiciones: la primera «López», un nombre propio que concreta a otro nombre propio, Rafael, y lo diferencia de otros referentes que puedan también ser nombrados como Rafael; la segunda es un sintagma nominal compuesto de determinante artículo «el» más nombre común «director». A la primera, unida sin comas, la llamamos aposición adjunta; a la segunda, encerrada entre comas, aposición explicativa.

51   En este caso, si lo que tratamos de reproducir lo pensamos en estilo directo, suprimiremos los dos puntos y situaremos la oración principal al final de la cita precedida de guion. Por ejemplo: *El profesor gritó: «Estaos quietos»*; se convertiría en *«Estaos quietos» —gritó el profesor—*. Ver usos del guion.

Dentro de este apartado estarían los incisos que, a veces, se realizan para mencionar la fuente de la información en ejemplos del tipo «Ya se aprecian brotes verdes, según el presidente», «El alarmismo, afirmó Suárez, es uno de los detonantes de la crisis», etc.

2.8   En las interrogativas parciales.[52] Por último, en las oraciones interrogativas parciales, cuando son largas, podemos separar la parte enunciativa de la parte interrogativa por una coma. Observad la diferencia:

∾ ¿Cuántas personas podremos llevar en el viaje con dos camiones y tres coches cuatro por cuatro?

∾ Con dos camiones y tres coches cuatro por cuatro, ¿cuántas personas podremos llevar en el viaje?

Dado que la entonación interrogativa afecta a toda la oración, la segunda resulta más cómoda de leer por ser más breve. En estos casos, la coma es obligada.

[R. 32]: En las oraciones interrogativas parciales, cuando anticipamos la parte enunciativa a la interrogativa, marcaremos la pausa de separación con una coma. Por ejemplo:

∾ Cuando llegues a tu casa, ¿a quién vas a llamar?

∾ Para tener alguna posibilidad de ganar, ¿cuánto hay que jugar?

∾ Si te dejaran escoger, ¿dónde irías?

3. Para marcar los cambios de plano en el discurso:

Habitualmente nos movemos en el plano discursivo, es decir, usamos el mensaje para transmitir una información al oyente.

---

52   Las oraciones interrogativas parciales son aquellas que preguntan sobre uno de los elementos de la propia oración. Por eso deben aparecer partículas interrogativas («¿Cuándo vienes de Madrid?») y en ella se da por cierta parte de la información (en este caso, «Vas a venir de Madrid»). Las interrogativas totales no tienen partícula interrogativa («¿Tienes hora?») y no nos aportan información alguna. A diferencia de las parciales, pueden responderse con un monosílabo («Sí/no»).

Pero, en el diálogo, alternamos con más o menos frecuencia el plano apelativo y el discursivo. Nos situamos en el plano apelativo cuando usamos las palabras para interpelar directamente a nuestro interlocutor. Existen dos palabras vinculadas con el plano apelativo al que pertenecen: el imperativo en el sintagma verbal, y el vocativo en el sintagma nominal. Cuando los usamos en un texto intercalados con el plano discursivo, los separamos por comas. Podríamos enunciarlo así:

[R. 33]: El vocativo se separa del resto de la oración por comas. Por ejemplo:

> ◌ Juan, ven aquí.

> ◌ Oye, María, no me des la espalda cuando te hablo.

[R. 34]: Si al imperativo sigue una oración discursiva, las separaremos por coma aunque mantengan entre sí relación lógica. Por ejemplo:

> ◌ Sal (imperativo) de aquí, que (porque: relación causal) no quiero ni verte.

Otras veces, insertamos en la oración elementos que interrumpen el plano discursivo referencial para introducir elementos expresivos, palabras o expresiones que significan el sentimiento o el estado de ánimo del emisor ante la situación o el enunciado. Por ejemplo:

> ◌ Cuando ya lo creíamos todo perdido, va Gustavo y, ¡toma ya!, marcó el gol de la victoria.

Podríamos enunciarlo así:

[R. 35]: Cuando interrumpimos la línea discursiva e insertamos un inciso expresivo o explicativo que podría suprimirse sin alterar el contenido de la oración, se encierra entre comas. Por ejemplo:

> ◌ Y nos encontramos, ¡qué delicia!, en medio de un jardín rodeados de azahar.

ᕇ Cuando salíamos, un desconocido nos preguntó, vete a saber por qué, adónde íbamos.

Otros usos de la coma:

[R. 36]: Usamos la coma en los encabezamientos de cartas y en los remites para separar el lugar de la fecha. Por ejemplo:

ᕇ Córdoba, 27 de marzo de 2009.

[R. 37]: Cuando nombramos a una persona empezando por el apellido, separamos este del nombre por una coma. Por ejemplo:

ᕇ De Molina Redondo, José Andrés.

[R. 38]: En listas elaboradas, como los catálogos, cuando anteponemos lo genérico a lo particular para facilitar la búsqueda de datos. Por ejemplo:

ᕇ Talleres mecánicos, electricidad.

ᕇ Talleres mecánicos, chapa.

[R. 39]: Se puede usar la coma para separar los números enteros de los decimales en las cifras —en este uso, alterna con el punto (.)—. Por ejemplo: 3,14.

Uso incorrecto de la coma:

[R. 40]: No debemos separar el sujeto del predicado por coma:

INCORRECTO: *Los amigos de Paco, vendrán esta noche a comer.

CORRECTO: Los amigos de Paco vendrán esta noche a comer.

Esta regla es aplicable aunque la extensión del sujeto sea grande. Nunca es admisible. Por ejemplo:

d Los acontecimientos sangrientos producidos durante los últimos días en Oriente Medio (sujeto) han llevado a las autoridades a replantearse su política internacional (predicado).

[R. 41]: En los encabezamientos de cartas, en general, no se debe separar el vocativo de cortesía del cuerpo del escrito por una coma. En estos casos deben usarse los dos puntos:

INCORRECTO: *Muy Sres. Nuestros, el motivo de la presente...

CORRECTO: Muy Sres. Nuestros: El motivo de la presente...

Una última consideración:

Como dijimos al principio del apartado, la coma representa una pausa y una inflexión en la entonación. Algunas son obligadas, otras, la mayoría, son posibles y su uso o no vendrá determinado por la estilística del autor. Conviene, no obstante, no multiplicar innecesariamente las pausas. Si la ausencia de comas puede provocar ambigüedades y pesadez en la interpretación, la multiplicación de ellas puede llevar a un lenguaje entrecortado y disperso por la constante alteración de la línea tonal, lo que igualmente dificultaría el seguimiento y la comprensión. En estos casos, como en la mayoría, el sentido común y la justa medida es lo que importa.

EL PUNTO Y COMA (;)

El punto y coma supone una pausa de entonación más marcada que aquella que efectuamos con la coma, aunque inferior a la del punto. El punto y coma no señala independencia sintáctica entre oraciones, si bien el tonema al que corresponde en la pronunciación es descendente, como sucede en el punto y seguido. De los usos vistos para la coma, el punto y coma sustituye a la coma en los casos vistos en el apartado «A» correspondiente a la separación de oraciones. Usaremos el punto y coma en lugar de la coma cuando las oraciones sean largas y, en ellas, por su extensión, ya se hayan usado pausas en la oración que precede o en la que sigue. Esta es la regla general para su uso. En muchos casos, puede alternar con el punto y seguido: el preferir un signo u otro dependerá de cómo sintamos la relación de significado existente entre ambas oraciones. Si sentimos que existe relación lógica entre los enunciados, usaremos el punto y coma para señalarla. Si la trabazón lógica es débil, se preferirá el punto y seguido. No parece que pueda ser utilizado en lugar de la coma cuando esta es usada para marcar la organización sintáctica de los elementos en la oración o se usa para señalar la separación entre los distintos niveles discursivos. Las reglas generales son las siguientes:

[R. 42]: Se usa el punto y coma para señalar pausa entre oraciones largas en las que ya han sido usadas comas. Por ejemplo:

[42.1]: Entre oraciones yuxtapuestas de cierta extensión donde ya se han usado comas:

> ∾ Antes del mediodía, debíamos llegar hasta Miño; a media tarde, solo haríamos una parada; por la noche, ya deberíamos haber llegado.

Debemos considerar dentro de este apartado aquellas en las que se ha sustituido el verbo por una coma y se presentan

144

con la apariencia de mera enumeración. Por ejemplo: «Cada grupo se ocupó de un taller de trabajo: los primeros, (se ocuparon) de manualidades; los segundos, (se ocuparon) de música; los terceros, (se ocuparon) de danza; y los cuartos, (se ocuparon) de los deportes».

[42.2]: Delante de las conjunciones o locuciones coordinadas en oraciones largas en las que ya se han usado comas:

Copulativas («y», «e», «ni»):

∞ Llegó tarde a la reunión con los directivos de la empresa, los representantes sindicales, los consejeros...; y no pudo evitar la reprimenda.

Adversativas («mas», «pero», «aunque», «sin embargo», «no obstante», etc.).

∞ «La plaza estaba vacía, no se veía a nadie y la lluvia seguía arreciando; pero estaba decidido a que el viaje no fuera en vano».

Disyuntivas («O...o», «bien...bien», «ya...ya», «sea...sea», etc.):

∞ «O sabían el lugar exacto donde lo habían escondido porque estuvieron allí durante el episodio; o conocían de oídas la historia, la leyenda, las canciones y la tradición».

Ilativas («luego», «por (lo) tanto», «por consiguiente», etc.):

∞ «Lo había arriesgado todo, lo que podía perder ya estaba perdido, solo había que ganar; conque siguió adelante».

Explicativas («es decir», «esto es», «mejor dicho», «o sea», etc.):

∞ «Aunque sabía que no era el mejor momento, la decisión de liquidar la empresa ya estaba asumida; es decir, se lo diría esa misma tarde a los empleados».

DISTRIBUTIVAS[53] («uno... otro...», «en primer lugar... en segundo lugar...», «antes... después...», «ora... ora...», «unas veces ... otras...», etc.):

  ∞ «Antes de empezar con la peregrinación, creía que aquello de andar por andar era una tontería; después, se descubrió a sí mismo rezando frente a la catedral de Santiago, en la plaza del Obradoiro».

[42.3]: OTRO USO DEL PUNTO Y COMA: se puede usar el punto y coma en la separación de sintagmas, normalmente nominales, en los que ya se ha usado coma en la separación de sus elementos cuando estamos ante una enumeración, por ejemplo:

  ∞ Consultar: Art. 43, pág. 85; Art. 22, pág. 38; Art. 104, pág. 158; etc.

---

53 La no existencia de conjunciones distributivas propiamente dichas hace que la mayoría de los autores no las consideren sino como meras yuxtapuestas. Deberíamos considerarlas en el apartado 1. No obstante, la existencia de palabras, ya sean pronombre, adverbios, sintagmas nominales o, incluso, ciertas conjunciones que manifiestan explícitamente un orden en los acontecimientos, implica una relación semántica expresa muy superior a la mera yuxtaposición.

Los dos puntos (:)

Los dos puntos suponen una pausa superior a la coma y más amplia. Con ello se consigue centrar la atención del oyente sobre lo que inmediatamente vamos a decir. Como ocurría con la coma y el punto y coma, no señala separación de oraciones: las oraciones que preceden y siguen a los dos puntos mantienen relaciones lógicas en el plano semántico y, a veces, sintáctico. Por eso, la regla general nos dice que no se usa mayúscula después de los dos puntos, con algunas excepciones que iremos viendo. Su empleo es más variado, como veremos a continuación.

[R. 43]: Usamos los dos puntos para introducir enumeraciones que anunciamos en la propia oración mediante un elemento catafórico[54]. Por ejemplo:

   ∾ Los puntos cardinales son cuatro: Norte, Sur, Este y Oeste.

Aunque hablamos de enumeración, lo anunciado puede constar de un solo elemento. Por ejemplo: «Una cosa era importante en su vida: el amor de su mujer».

[R. 44]: Usamos los dos puntos para separar una enumeración de la oración donde se explica la relación existente entre los elementos, normalmente introducida por un elemento anafórico[55]. Por ejemplo:

---

54 CATAFÓRICO: su significado remite a lo que va a ser mencionado a continuación. En el ejemplo que nos ocupa, el significado del numeral «cuatro» va a desarrollarse inmediatamente en la enumeración.

55 ANAFÓRICO: su significado remite a lo dicho con anterioridad. En el primer ejemplo, el numeral «tres» toma su significado de la enumeración anterior donde aparecen «Juan, Enrique y Paco». En el ejemplo siguiente, el elemento anafórico es el demostrativo «estos», que toma su significado de lo dicho anteriormente, es decir, «Norte, Sur, Este y Oeste».

d Juan en Madrid, Enrique en Sevilla y Paco en Córdoba: los tres tienen buenas casas.

Esta regla puede considerarse como la inversa de la regla anterior, cuyo ejemplo también podríamos enunciarlo empezando por la enumeración, así:

∿ Norte, Sur, Este y Oeste: estos son los cuatro puntos cardinales.

[R. 45]: Usamos los dos puntos para introducir clasificaciones (enumeraciones exhaustivas que se organizan en párrafos independientes). En este caso, al ir aparte, escribiremos mayúscula detrás de los dos puntos al principio de cada uno de los apartados. Por ejemplo:

∿ Existen cuatro movimientos literarios en el siglo xix:
- El Romanticismo (1835-1845)
- El Realismo (1868-1890)
- El Naturalismo (1885-1900)
- El Modernismo (1885-1920)

[R. 46]: Separamos con dos puntos el enunciado de una regla o norma general de su explicación más o menos pormenorizada. Por ejemplo:

∿ Los niños necesitan dormir más *(regla o afirmación de carácter general)*: a un adulto puede bastarle con dormir seis horas; pero un niño, para reponer energía y asimilar conocimientos, necesitaría entre nueve y diez horas de sueño *(explicación razonada de la afirmación general)*.

[R. 47]: Usamos los dos puntos para separar la causa de la consecuencia cuando una u otra se expresa de forma concreta y la otra de forma más desarrollada. Sustituye en este uso a la partícula ilativa o consecutiva. Por ejemplo:

∿ Se comió cinco platos de garbanzos: (por lo tanto) tuvo que desabrocharse el cinturón.

La norma funciona igualmente si precede la consecuencia a la causa. Por ejemplo:

ᔓ No podría irse de vacaciones: (porque) lo habían despedido a los seis meses de incorporarse y no sabía cuándo volvería a trabajar de nuevo.

[R. 48]: En las cartas, usamos los dos puntos para separar el vocativo de cortesía del encabezamiento y cuerpo del escrito. Por ejemplo:

ᔓ Estimado amigo *(vocativo de cortesía)*:
   Hace tiempo que deseaba escribirte para ponerte al corriente de...

ᔓ Muy Sres. Nuestros *(vocativo de cortesía)*:
   El motivo de la presente es poner en su conocimiento...

En estos casos, escribiremos mayúscula después de los dos puntos.

[R. 49]: En los textos jurídicos y administrativos (sentencias, instancias, comunicados...) solemos estructurar el escrito destacando los verbos que enuncian las diferentes unidades de contenido que aparecen en ellos. Son verbos del tipo «EXPONE», «SOLICITA», «CONSIDERANDO», «FALLO», «DISPONE», etc. Estos verbos suelen centrarse en la página y se destacan del cuerpo del texto usando una letra de mayor tamaño y, a veces, en negrita, para facilitar al lector la localización rápida de las distintas partes del escrito. Usamos los dos puntos después de estos verbos que pueden y suelen introducir una enumeración de elementos. Los dos puntos se usan aunque sea uno solo el elemento mencionado. Por ejemplo:

ᔓ D. Juan Rafael Ordóñez Álvarez, mayor de edad, vecino de Almería, con DNI n.º 30 455 544 V
EXPONE:

1: Que reuniendo los requisitos exigidos en la convocatoria de...[56]

2: Que deseando ser incluido en las listas de...

SOLICITA: Sea incluido en las listas del censo de la localidad...

[R. 50]: Usamos los dos puntos para introducir citas textuales donde repetimos lo dicho por un emisor literalmente. Por ejemplo:

cv En su *Ortografía de la lengua española*, la RAE afirma[57]: «Predominó la idea y la voluntad de mantener la unidad idiomática por encima de particularismos gráficos no admitidos por todos».

Es lo que llamamos ESTILO DIRECTO: la oración introducida por los dos puntos desempeña la función sintáctica de complemento directo del verbo de lengua que la introduce. Lo dicho, se encierra entre comillas señalando así su literalidad.

[R. 51]: Usamos los dos puntos para introducir los ejemplos que van a demostrar la teoría ya enunciada, aunque no usemos fórmulas de introducción (del tipo: «a saber», «por ejemplo», «véase», «verbigracia», etc.). Por ejemplo:

cv Podemos, a través del verbo, expresar una idea en distintos instantes temporales. Por ejemplo: *amo* —presente—, *amé*—pasado— o *amaré* —futuro.

cv En verano, me gustan las comidas frías: gazpacho, salmorejo, frutas...

---

56 En estos casos, la letra inicial que sigue a los dos puntos se escribirá en mayúscula.

57 En estos casos, la cita textual se encabeza en mayúscula. Pero si la cita viene introducida por unos puntos suspensivos, señalando así un fragmento previo al que reproducimos del que forma parte, escribiremos la primera letra detrás de los puntos suspensivos en minúscula. Por ejemplo: En este sentido, la Real Academia Española es categórica «[...]pero nunca detrás de un punto y coma».

Otros usos de los dos puntos:

[R. 52]: Al representar la hora, usamos los dos puntos para separar las cifras que expresan horas de las que expresan minutos. Por ejemplo:

ↄ 9:40 a. m.

[R. 53]: En expresiones matemáticas, usamos los dos puntos para significar la operación de división[58]. Por ejemplo:

ↄ 9: 3 = 2.

---

58 En este uso, alterna con la barra «/» y con el signo dos puntos separados entre sí por una barra horizontal. Así pues, la división también podemos expresarla: $10 / 5 = 2$ o $10 \div 5 = 2$.

LOS PUNTOS SUSPENSIVOS (…)

Como su propio nombre indica, los puntos suspensivos señalan que el enunciado se interrumpe. La oración puede continuar tras los puntos suspensivos o no, lo que se señalará con el empleo o no de la mayúscula a continuación de los puntos suspensivos. Si lo que detrás de los puntos suspensivos aparece es mayúscula, estaremos ante una nueva oración independiente de la anterior; si, por el contrario, aparece minúscula, seguiremos en la misma oración. También tiene otros usos, por ejemplo, en los diálogos, que iremos viendo. Bien usados, pueden aportar matices de expresividad muy interesantes al discurso, independientemente de aquellos casos en que su empleo es preceptivo.

Podemos distinguir los siguientes usos:

[R. 54]: Usamos los puntos suspensivos para interrumpir una oración, dejando así el final lógico abierto a la interpretación del receptor. La oración gramatical no se continúa detrás de los puntos suspensivos. Por ejemplo:

∾ El diálogo se volvió imposible, se volvió violento y… Aquello terminó.

[R. 55]: Usamos los puntos suspensivos para interrumpir una enumeración, la dejamos abierta y señalamos así el hecho de que podrían seguir agregándose elementos[59]. Por ejemplo:

∾ En la tienda había pan, embutidos, golosinas, fruta…

[R. 56]: En medio de una oración gramatical, los puntos suspensivos pueden expresar duda, confusión, titubeo, inseguridad, etc.:

---

59   Los dos últimos elementos de la enumeración no deben estar separados por una conjunción (*«Compramos libros, revistas y lápices…»). Su uso, en este caso, es equivalente a etcétera, por lo que no deben usarse simultáneamente (*«Compramos libros, revistas, lápices…etc.»).

∾ No sabía si iría o no a la fiesta… pero tenía que decidirse.

[R. 57]: En medio de una oración gramatical, los puntos suspensivos pueden ser usados para retardar la continuación y crear así tensión en el lector. Suelen preparar una sorpresa, un sobresalto o un giro inesperado en la oración. Por ejemplo:

∾ La habitación estaba en penumbra, el sol se estaba ocultando y… una sombra se cruzó, pero no había nadie.

[R. 58]: En los diálogos, usamos los puntos suspensivos cuando uno de los interlocutores es interrumpido en su intervención. Señalamos así el hecho de que la oración ha quedado incompleta. Por ejemplo:

∾ Vicente: Tú no puedes pretender que…
Juan: ¡He dicho que irás y vas a ir!

[R. 59]: Podemos usar los puntos suspensivos para señalar la elipsis de un vocablo o una expresión que preferimos no completar por obvio o por malsonante. Por ejemplo:

∾ Dime con quién andas y te diré…
∾ El muy hijo de… ni siquiera me recibió.

[R. 60]: Cuando reproducimos literalmente un fragmento de una obra y omitimos una parte, en el lugar donde se suprime, colocamos los puntos suspensivos entre paréntesis o corchetes[60]. Por ejemplo:

∾ La *Gramática* de la RAE, en su edición de 1928, pág. 327, señala: «[…] Cervantes, a veces, […] coordina los sujetos, los verbos y los complementos entre sí […]».

---

60 En la práctica, cuando el fragmento de texto suprimido se encuentra al principio o final de la cita, no se introducen los puntos suspensivos entre corchetes o paréntesis. Incluso algunos libros de ortografía recogen esta práctica como norma. La RAE, en cambio, no establece esta distinción (pág. 69).

El empleo de los puntos suspensivos con otros signos de puntuación

Para combinar correctamente los puntos suspensivos con otros signos de puntuación, debemos tener en cuenta las siguientes normas:

[R. 61]: Tras los puntos suspensivos nunca colocaremos un punto.

[R. 62]: Los puntos suspensivos pueden combinarse con la coma (,), el punto y coma (;) y los dos puntos (:), como podemos observar en los siguientes ejemplos:

    ∾ Los muebles, la ropa, los electrodomésticos…, todo estaba en buen uso en aquella tienda de segunda mano.

    ∾ Los policías no sabían por dónde continuar la búsqueda, los datos eran insuficientes, el tiempo corría en contra…; pero era necesario, en aquellas circunstancias, ofrecer algún resultado.

    ∾ El níquel, el wolframio, el oro…: todos son elementos de la tabla periódica.

[R. 63]: El signo que usemos (coma, punto y coma, dos puntos, interrogación o exclamación), lo colocaremos inmediatamente detrás de los puntos suspensivos, sin dejar espacio de separación, tal y como hemos hecho en los ejemplos anteriores.

Uso incorrecto de los puntos suspensivos

[R. 64]: No debemos usar los puntos suspensivos y «etcétera» simultáneamente, es un error por redundancia:

    ∾ *Tendrás que aprender matemáticas, lógica, lengua, historia… etc.

O usamos los puntos suspensivos o usamos «etcétera», pero no los dos a la vez.

LOS SIGNOS DE INTERROGACIÓN (¿?)

Los signos de interrogación constituyen una marca de modalidad oracional interrogativa directa[61] y delimitan el enunciado afectado por la interrogación. En español, la curva de entonación interrogativa afecta a toda la oración y no solo al final de esta, por lo que es imprescindible usar tanto el signo de apertura de la interrogación (¿), como el signo de cierre de la misma (?). El suprimir el signo de apertura, a imitación de la lengua inglesa, es una falta que debemos evitar. Debemos corregirlo. Aunque, normalmente, la interrogación afecta a oraciones completas («¿Qué he hecho yo para merecer esto?»), también puede aparecer marcando una sola palabra. Debemos recordar en este sentido que una de las fórmulas usuales para marcar una oración como interrogativa total consiste en situar al final de una oración enunciativa un adverbio o locución adverbial, frecuentemente el de negación, entre interrogaciones («Iremos mañana al zoológico, ¿no?»). Se trata en estos casos de recabar la confirmación del supuesto previo.[62]

Para usar los signos de interrogación correctamente, tendremos en cuenta las siguientes normas:

[R. 65]: El enunciado interrogativo queda enmarcado por el signo de apertura al principio y el signo de cierre al final:

ᔪ ¿Qué has hecho?

---

61 Los signos de interrogación no se usan en las llamadas interrogativas indirectas, oraciones interrogativas que aparecen dependiendo de un verbo de lengua (*decir, comentar, apuntar,* etc.) o de pensamiento (*pensó, reflexionó, meditó,* etc.). Estilo directo, interrogativa total: «¿Irás mañana al cine?» / Estilo indirecto: «Preguntó si iría mañana al cine». Estilo directo, interrogativa parcial: «¿Quién te acompañará a la fiesta?» / Estilo indirecto: «Me preguntó quién me acompañaría a la fiesta».

62 Es muy frecuente y denota, usado de forma asidua, inseguridad en el hablante. Pensemos en expresiones como «¿verdad?», «¿eh?», «¿a que sí?», «¿vale?».

[R. 66]: El signo de apertura se situará donde dé comienzo la interrogación, lo que no siempre coincide con la oración misma. Es frecuente anteponer al predicado algún elemento:

> ∾ 1: Pepe, ¿has hecho la cama? *(vocativo)*.
>
> ∾ 2: Con una invitación como esa, ¿quién se podría resistir? *(C.C. Modo antepuesto)*.
>
> ∾ 3: Que no tenga padres, ¿a quién le importa? *(Or. Sub. Sust. de C. sujeto antepuesta)*.

En cambio, cuando se posponen, quedan dentro de la interrogación, esto es:

> ∾ ¿Has hecho la cama, Pepe?
>
> ∾ ¿Quién se podría resistir con una invitación como esa?
>
> ∾ ¿A quién le importa que no tenga padres?

El uso es especialmente frecuente en las oraciones interrogativas parciales (ejemplos 2 y 3)[63] donde hay una parte de la oración que se enuncia y un elemento sobre el que se plantea la interrogación. Así, si decimos «¿Cómo lo has hecho?», estamos afirmando que has hecho algo, y preguntando el modo en que se ha hecho a través de la partícula «cómo»; si decimos «¿Con quién estabas hablando cuando te llamé esta mañana para contarte lo que pasó?», estamos afirmando que estabas hablando con alguien, y preguntando por la persona. Pues bien, cuando estas oraciones son extensas, como sucede en el segundo ejemplo, debemos sacar la parte enunciativa de la interrogación y separarla por una coma. Es decir:

> ∾ Cuando te llamé esta mañana para contarte lo que pasó, ¿con quién estabas hablando?

---

63 Las interrogativas parciales transmiten una información y preguntan sobre alguno de los elementos de la oración, de ahí que siempre esté presente la partícula interrogativa (*quién, cómo, cuándo, por qué, qué,* etc.). La respuesta que esperan es de tipo complejo, no admiten un simple *sí* o *no* como respuesta. Las interrogativas totales no llevan partícula interrogativa («¿Vas a venir?»), no transmiten ninguna información cierta y pueden responderse con un *sí* o un *no*.

[R. 67]: Cuando escribimos varias oraciones interrogativas seguidas y estas son cortas, podemos considerarlas como oraciones independientes, en cuyo caso las escribiremos seguidas, con mayúscula en la inicial de cada una de ellas; o como yuxtapuestas, en cuyo caso las separaremos por comas y comenzaremos la oración con minúscula. Por ejemplo:

ↄ INDEPENDIENTES: ¿Tienes la comida en la mochila? ¿Has echado la ropa nueva? ¿Llevas el cepillo y la pasta de dientes?

ↄ YUXTAPUESTAS: ¿Dónde vas?, ¿con quién has quedado?, ¿cuándo vas a regresar?

Si la relación de yuxtaposición es larga y en el interior de las oraciones aparecen comas, la separación entre las oraciones podrá marcarse con punto y coma. Por ejemplo:

ↄ ¿Quiénes fueron los que, llevados por sus prisas inexcusables, nos han causado tanto daño?; ¿quiénes, mirando más por sí mismos que por su pueblo, han faltado a su deber y a su honestidad?; ¿nos quedaremos de brazos cruzados ante tanta iniquidad?

[R. 68]: Usado entre paréntesis, el signo de cierre de interrogación puede expresar duda o ironía. Por ejemplo:

ↄ La deuda ascendía a trescientos veinte mil euros (?).

ↄ Y el público, agradecido, saludó con vítores al nuevo presidente (?).

ↄ Las bromas de su nuevo amigo resultaban de lo más divertidas (?).

[R. 69]: Los signos de interrogación pueden agruparse con los signos de exclamación. Se trata de una interrogativa que manifiesta, a la vez, la sorpresa del hablante ante el hecho en sí por extraño o inesperado. En estos casos, los signos de interrogación irán dentro de la exclamación. Por ejemplo:

ↄ ¡¿Has llegado a tiempo para la fiesta?! Esto hay que celebrarlo.

También pueden combinarse usando la interrogación para abrir el periodo y la exclamación para cerrarlo, o viceversa, según queramos darle más relevancia a una intención u otra.

> ✿ ¿Tienes la nueva consola de Nintendo!
> ✿ ¡Aún no has acabado bachillerato?

[R. 70]: (???) A veces, podemos encontrar uno o varios signos de interrogación de cierre junto a una palabra o grupo de palabras. Este uso es frecuente en guías de actividades y anuncios que aparecen, por ejemplo, en hoteles o panfletos de publicidad de distinto tipo. Significa que el concepto junto al que colocamos el signo de interrogación (actividad, precio, posibilidad de asistencia de niños o fecha, por ejemplo) es dudoso o está pendiente de confirmar, por lo que deberemos consultar con la organización. Por ejemplo:

> ✿ INFORMACIÓN ADULTOS NIÑOS FECHA
> ✿ PLAZA DE TOROS CORRIDA/*BULL FIGHT* (+ AUTOBÚS?)
> ✿ 50 € ?? ?? 6 *OR* 7 ???

El empleo de los signos de interrogación con otros signos de puntuación

Para combinar correctamente los signos de interrogación con otros posibles signos que le sigan o precedan, debemos tener en cuenta las siguientes normas:

[R. 71]: Tal y como ocurría en los puntos suspensivos, nunca usaremos el punto detrás del signo de cierre de la interrogación.

[R. 72]: La interrogación puede aparecer combinada con los demás signos de puntuación: coma (,), punto y coma (;), dos puntos (:) o puntos suspensivos (…), según convenga a cada caso.

[R. 73]: El signo de interrogación se usará sin espacio intermedio con la palabra que le sigue (apertura) o que le precede (cierre). Si al signo de cierre le sigue una nueva oración, dejaremos un espacio en blanco de separación. Así:

   ∿ ¿Quién es el nuevo Delegado? Tendría gracia que fueras tú.

[R. 74]: Si le sigue algún otro signo de puntuación, este se escribirá a continuación del signo de cierre sin espacio de separación. Por ejemplo:

   ∿ ¿Puedes responder cuando te hablo?, en algún sitio estará tu educación, ¿no?

Los signos de exclamación (¡!)

Los signos de exclamación constituyen una marca de modalidad oracional, la exclamativa. Su curva de entonación, en español, afecta a toda la oración como ocurría con las oraciones interrogativas. Su uso manifiesta la reacción de ánimo del emisor ante lo que enuncia. Utilizaremos el signo de apertura (¡) y el signo de cierre (!) para enmarcar la secuencia exclamativa. Utilizar solo el signo de cierre por imitación de otras lenguas es un error que deberemos evitar. La exclamación puede afectar a una oración completa («¡Qué has venido a hacer aquí!») o simplemente a una palabra o grupo de palabras cuyo objetivo en la frase es, precisamente, transmitir la reacción de ánimo del emisor ante la situación concreta, por ejemplo, a través de las interjecciones (¡Eh!).

Para su correcta utilización podemos seguir las siguientes normas:

[R.75]: El enunciado exclamativo, ya sea una oración, secuencia de palabras o palabra, queda enmarcado por el signo de apertura al principio y el signo de cierre al final. Por ejemplo:

✺ ¡Dios mío!

✺ ¡Cuánto odio había acumulado!

✺ ¡Oh!

[R.76]: El signo de apertura se situará donde dé comienzo la exclamación, lo que no siempre coincide con la oración misma. Hemos de tener en cuenta que la tensión exclamativa es mayor cuanto más pequeño es el enunciado. En los casos en que se antepone al predicado algún complemento, este suele quedar fuera de la exclamación, por ejemplo:

✺ En la conferencia de ayer, ¡qué pesado estuvo el maestro!

En concreto, los vocativos, complementos del predicado y las oraciones subordinadas, cuando se sitúan al principio de la oración quedan fuera de la exclamación, por ejemplo:

- ∾ Niños, ¡por el amor de Dios!
- ∾ Para evitar estos abusos, ¡clamemos justicia!

En cambio, cuando se posponen, quedan dentro del enunciado exclamativo. Los ejemplos anteriores quedarían así:

- ∾ ¡Por el amor de Dios, niños!
- ∾ ¡Clamemos justicia para evitar estos abusos!

[R.77]: Cuando escribimos varias exclamaciones seguidas y estas son cortas, podremos considerarlas como oraciones independientes, en cuyo caso las escribiremos seguidas con mayúscula en la inicial de cada una de ellas (nunca usaremos el punto detrás del signo de exclamación); o como yuxtapuestas, en cuyo caso las separaremos por comas y comenzaremos la oración siguiente con minúscula. Por ejemplo:

- ∾ INDEPENDIENTES: ¡Qué desfachatez! ¡Erre que erre! ¡No vas a cansarte nunca!
- ∾ YUXTAPUESTAS: ¡Cuánto desorden!, ¡cuánta desidia!, ¡cuánto abandono!

Si la relación de yuxtaposición es larga y, en el interior de las exclamaciones, aparecen comas, la separación entre las oraciones podrá marcarse con punto y coma. Por ejemplo:

- ∾ ¡Y fueron ellos, movidos por la avaricia, los que atacaron!; ¡fueron ellos, y no nosotros, los que iniciaron este desastre!; ¡ellos, y no nosotros, deben pagar por tanta ruina y miseria!

[R.78]: Como ocurría con la interrogación, también podemos usar el signo de cierre de exclamación entre paréntesis. Usado así, expresamos sorpresa, perplejidad, asombro, ironía, etc., que deberemos interpretar en función del contenido del mensaje. Por ejemplo:

∿ El nuevo ministro de economía de veintiocho años (!) de edad juró su cargo (perplejidad ante la juventud del nuevo ministro para un cargo de tanta responsabilidad).

∿ ¿Quién nos iba a decir a nosotros, apenas adolescentes (!), que seríamos acreedores de semejante premio? (ironía cuando la frase es pronunciada por un sexagenario).

[R.79]: Podemos encontrar agrupados los signos de exclamación con los de interrogación, tal y como vimos en el apartado relativo a los signos de interrogación. En estos casos, los signos de exclamación se situarán fuera y los de interrogación dentro. Por ejemplo:

∿ ¡¿Tenemos dinero para el viaje?!

[R.80]: A veces, para transmitir el mayor grado de emoción, agitación, miedo o alegría (función expresiva) del emisor —en el lenguaje literario, publicitario, o escritos de carácter personal— se usan varios signos de cierre de exclamación, de la misma forma que se duplica la «h» con que suelen cerrarse las interjecciones exclamativas. Es el caso de:

∿ ¡Ahhhh!!!

O de las típicas tarjetas de felicitación donde encontramos repetidos los signos de apertura y cierre con el mismo fin:

∿ ¡¡¡Felicidades!!!

El empleo de los signos de exclamación con otros signos de puntuación

Las normas que rigen el uso de los signos de exclamación con otros signos de puntuación coinciden con las que ya vimos para los signos de interrogación, por lo que nos remitimos a lo dicho en aquel apartado, R. 71 a R. 74.

El paréntesis ( )

El paréntesis supone un inciso en el discurso. Interrumpimos momentáneamente la línea discursiva para intercalar un comentario o aclaración sobre lo que venimos diciendo. A partir de este uso básico, los paréntesis se emplean con distintas finalidades más o menos normalizadas. Veámoslas:

[R.81]: Usamos el paréntesis para encerrar una nota aclaratoria o incidental de cierta longitud que viene a interrumpir momentáneamente el sentido de la oración principal. Por ejemplo:

∿ Cuando llegaron los invitados, Laura (que a la sazón apenas contaba con quince gloriosas primaveras) empezó a coquetear a diestro y siniestro ante la perplejidad de Manolo.

[R.82]: En incisos más breves, usamos el paréntesis cuando lo que incluimos guarda poca relación con el sentido de la oración principal. Por ejemplo:

∿ Los alumnos del curso (solo tres aquel día) aparentaban estar concentrados en los ejercicios.

Otros usos del paréntesis

[R.83]: Usamos el paréntesis para introducir en él datos que concretan de forma precisa lo dicho en el texto, como fechas, números de página, artículos, etc. Por ejemplo:

∿ El Código Civil fija la mayoría de edad a los dieciocho años (art. 154).

∿ En *La alternativa del juego*, se menciona el «telégrafo» como juego de comunicación (pág. 107).

d Con la aprobación de la primera Constitución española (19 de marzo de 1812) comienza una nueva etapa en la historia política de España.

Se incluyen en esta regla las precisiones al texto en cuanto a datos como la provincia, el país, la dirección, el significado de algún acrónimo de uso poco extendido, autor y título de obra, editorial, etc. Por ejemplo:

∾ El río Guadalquivir nace en Cazorla (Jaén).

∾ En Córdoba (España) se conserva la mezquita-catedral.

∾ Pasó al curso siguiente por PIL (Promoción por Imperativo Legal).

∾ A Juan Niporesas (Mariano José de Larra) debemos algunos de los mejores artículos periodísticos del periodo preisabelino en España.

∾ En sus poemarios (*El Cristo de Velázquez*), Unamuno muestra más su fe que sus dudas.

∾ La novela *Guerra mundial Z* de Maz Brooks (Almuzara, 2009, 2.ª ed.) presenta una estructura narrativa original en la composición.

Es frecuente, en documentos administrativos o de carácter legal que, cuando se cita una cifra, esta se repita entre paréntesis para su corroboración. Cuando la cifra se ha anotado con números, se introduce a continuación entre paréntesis escrita con palabras y viceversa. Por ejemplo:

∾ El precio estipulado para la compra del inmueble es de trescientos mil euros (300.000 €).

∾ El precio estipulado para la compra del inmueble es de 300.000 € (trescientos mil euros).

[R.84]: En textos teatrales, podemos usar el paréntesis para incluir las acotaciones al diálogo (aclaraciones sobre el escenario, tono, movimiento escénico, etc. que deja el autor en la obra para los actores y el director). Por ejemplo:

∾ FLORITA.— Adorado Nume…

NUMERIANO.— (Con desaliento) ¡Florita!

FLORITA.- Pero ¡cuán pálido! Estás incoloro […]

(*La señorita de Trevélez*, Carlos Arniches)

[R. 85]: Usamos el paréntesis para introducir la traducción de vocablos o expresiones extranjeras. Por ejemplo:

ᦇ Tanto invitarse el uno al otro, al final resultó un *quid pro quo* (una cosa por la otra).

ᦇ Los billetes de avión eran para la clase *business* (negocio).

[R. 86]: En el lenguaje administrativo y, a veces, publicitario, usamos el paréntesis para introducir posibles variantes de un mismo término, normalmente relacionados con el género o el número. Se trata de otorgar la máxima exhaustividad posible al significado y evitar ambigüedades sin necesidad de repetir dos veces la misma palabra[64]. Por ejemplo:

ᦇ Se busca chico (a) para distribución de publicidad.

ᦇ Se hará constar en el parte de incidencias el (los) día (s) en que esta se haya producido.

[R. 87]: Cuando transcribimos textos antiguos y aparecen abreviaturas o algún fragmento se ha perdido con el tiempo, usamos los paréntesis para introducir la reconstrucción de la palabra. Por ejemplo:

ᦇ A(nnus) D(omini).

---

64   Este uso se ha extendido en exceso con la alternancia de género en el llamado lenguaje «coeducacional» que ha sido fomentado desde la Administración. Alterna con el paréntesis, para este uso concreto, la barra («El/la chico/a que se dirija a un/a profesor/a…»). El resultado es reiterativo y llega incluso al ridículo. Coincido plenamente con la RAE cuando advierte que «Fuera de anuncios, circulares o algunos documentos de tipo técnico, se recomienda evitar este uso, especialmente en documentos personalizados» (*Ortografía…*, pág. 73, nota 43).

Para significar la elipsis de un fragmento de texto en una cita también podemos usar paréntesis con puntos suspensivos. Por ejemplo:

> ∿ Eduardo Punset afirma: «Esta revolución sexual llevada a cabo por las hembras (...) estaría en la raíz del nacimiento del conjunto de leyes que dieron seguridad al grupo» (*Por qué somos como somos*. Madrid, Aguilar, 2008, pág. 252).

[R. 88]: Cuando procedemos a diferenciar una clasificación en cada una de sus partes, y consignamos cada una de ellas en distintos renglones, podemos usar el paréntesis para enmarcar o señalar cada número o letra que precede a cada apartado. Aunque se pueden utilizar los signos de apertura y cierre del paréntesis, lo normal es que se use solo el de cierre detrás de la letra o número. En el siguiente ejemplo, hemos usado la primera forma en el apartado *a* y la segunda en el apartado *b*:

> ∿ Los tipos de conjunciones en español son dos:
>
> (1) Coordinadas: unen palabras, grupos de palabras u oraciones del mismo nivel sintáctico y semántico.
>
> 2) Subordinadas: unen solo oraciones entre las que existe relación de dependencia semántica y, a veces, sintáctica.

En la práctica, no debemos mezclar los dos procedimientos.

El empleo del paréntesis con otros signos de puntuación

[R. 89]: La regla general aplicable es que el texto introducido entre paréntesis es independiente, en cuanto a su puntuación, del resto de la frase. Por lo tanto, cualquier signo que afecte a la oración externa se situará fuera del paréntesis (coma, punto y coma, signos de exclamación, interrogación, etc.). Por ejemplo:

> ∿ ¿Quién podría responder a la pregunta siguiente (no había nadie escuchándolo en aquel momento)?

Cuando su sentido sea explicativo, ya sean conjunciones o locuciones conjuntivas (entiéndase conjunto de palabras que desempeñan la función propia de una conjunción), las pondremos entre comas. En el primer caso, hemos situado la interrogación justo detrás del cierre de paréntesis; de la misma forma que, en el segundo, hemos situado la coma.

El texto que aparece dentro del paréntesis deberá también atenerse a su propia puntuación, ya que de hecho es una unidad de intención comunicativa diferenciada del resto de la oración. Los signos que sean de aplicación aparecerán en el interior del paréntesis. Por ejemplo:

∾ Llegó y triunfó (¿alguien lo podía dudar?) antes de que los demás se dieran cuenta de lo que estaba ocurriendo.

∾ La reunión transcurría con normalidad hasta que a alguien (¡qué fastidio!) se le ocurrió preguntar si había hecho la «mili».

LOS CORCHETES ([ ])

Su valor está muy próximo al del paréntesis y, de hecho, en algunos casos pueden alternar; aunque el uso de los corchetes es mucho más infrecuente y está más limitado como veremos a continuación. Podemos usar los corchetes en los siguientes casos:

[R. 90]: Para introducir un inciso explicativo en el interior de una expresión que ya va entre paréntesis. Así evitamos confusiones. Por ejemplo:

> ᄋᘁ Todos los herederos fueron convocados por el notario (se disponía de seis meses [plazo legal fijado por Hacienda] para realizar la Escritura) antes del vencimiento del cuarto mes a contar desde el fallecimiento.

[R. 91]: Para introducir los apartes[65] en un texto teatral. Por ejemplo:

> ᄋᘁ FRANCISCO.— Entonces, mañana nos vemos y dejamos resuelto ese asuntillo del dinero.
>
> JOSÉ MARÍA.— ¡Por supuesto!, mañana lo dejamos resuelto [y mañana me va a ver el pelo Rita la Cantaora].

[R. 92]: Cuando, en la transcripción de un texto, el copista o el editor quiere introducir alguna aclaración, añadido, o completar conjeturalmente algún término borroso, abreviado o perdido en el original, usamos corchetes. Por ejemplo, en su *Paleografía española*, Zacarías García Villada transcribe un texto donde aparece un comentario realizado por el copista en estos términos:

---

65 APARTES: intervención de un personaje dirigida al público sin que, supuestamente, los demás personajes la oigan. Suele ser anticipativa y de carácter jocoso o cómico.

d «*GREGORIUS EPISCOPUS SERUUS SERUORUM DEI. Di-
lecto in christo fratri Bernardo abbati [monasterii sanctorum fa-
cundi et primitivi. Constructi in loco qui dicitur domnis sactis]
[...]*»[66].

[R.93]: En las transcripciones literales, cuando omitimos una
palabra o fragmento del texto transcrito, usamos en su lugar
los puntos suspensivos entre corchetes[67]. Por ejemplo:

ᦂ «Por la tarde, me encerré en el estudio [...]. Empecé un cuadro, pero a la media hora se atascó, di cuatro brochazos violentos
y lo dejé». (Miguel Delibes. *Señora de rojo sobre fondo gris*. Barcelona, Círculo de Lectores, 1993, pág. 58).

[R. 94]: Para indicar que una palabra pertenece al verso anterior, en poesía, la situamos a renglón seguido precedida del
signo de apertura de corchete. En este ejemplo vemos repro-
ducidos los versos 120-712 de *El libro de buen amor*[68]:

ᦂ «Decidme quién es la dama». Yo le dije: «¡Ay! Doña En-
Me dijo que esta dama era muy conocida suya, [drina».
yo le dije: «Por Dios, amiga, guardaos de emboscada».
Ella dijo: «Ya que estuvo casada, no creáis que se arre-
[pienta».

---

66 Ediciones El Albir, Barcelona, 1974, Tomo 1, pág. 41.

67 En este uso, alterna con el paréntesis.

68 Bruguera, Barcelona, 1974, 2.ª ed., pág. 223.

LAS COMILLAS (« " ‹ › " »)

Las comillas son unos signos que enmarcan una parte del escrito para destacarla o fijar en ella la atención del lector por motivos diversos. En español, podemos encontrar tres tipos de comillas que son:

1) Comillas españolas o angulares dobles;
2) Comillas dobles, altas o inglesas;
3) Comillas simples.

Como ocurre en todos los signos dobles, el fragmento enmarcado se inicia con un signo de apertura de comillas y finaliza con el signo de cierre. Los dos son imprescindibles. Lo normal, en textos impresos, es usar las comillas angulares dobles, mientras que es más frecuente en textos manuscritos el uso de las comillas dobles altas. Los distintos tipos de comillas pueden aparecer combinados entre sí. Cuando en el interior de un texto ya entrecomillado abrimos una nueva secuencia entre comillas, para distinguir la una de la otra, variaremos el tipo de signo, lo que confiere más claridad al texto. En estos casos, lo aconsejable es empezar con la angular doble, seguir con la alta y, si hiciera falta otra más, introducir después la simple. La secuencia resultante sería la siguiente: «…" '…' "…».

El uso generalizado del ordenador y los procesadores de texto permite otros procedimientos para destacar una palabra o secuencia de palabras en el texto (el cambio de fuente, utilización de letra cursiva o inclinada, uso de la negrita, etc.), que hoy en día se prefieren a las comillas en algunos usos como iremos viendo.

Usamos las comillas en los siguientes casos:

[**R. 95**]: Para señalar que en el texto reproduce la cita literal de algún autor[69]. Por ejemplo:

---

69 Si la cita es larga, puede usarse el cambio de tipo de letra en lugar de las comillas.

d En su *Curso de redacción*, Gonzalo Martín Vivaldi afirma: «La narración no debe ser esquemática, intrascendente, rebuscada, falsa, lenta, confusa, pedestre ni pedante». (Thomson, Madrid, 2007, 33.ª ed., pág. 461).

Si se intercala algún comentario al hilo de la cita, este puede encerrarse entre guiones —raya o guion medio— sin necesidad de cerrar y volver a abrir las comillas. Por ejemplo:

> ∾ Celestina, en el Acto IV, dice a Melibea: «A la mi fe, la vejez no es sino mesón de enfermedades, posada de pensamientos, amiga de rencillas —nótese cómo se trata de imitar el ritmo de las letanías—, congoja continua, llaga incurable, macilla de lo pasado [...]».

[R. 96]: En los diálogos de los textos narrativos, estamos continuamente ante la intervención literal de los personajes, por lo que no se usan las comillas, sino que cada una de las intervenciones aparece precedida por un guion medio. En estos textos, se usan las comillas para reproducir el pensamiento de los personajes y diferenciarlo así de sus intervenciones propiamente dichas. Por ejemplo:

> ∾ ¡Cómpratelo, hombre! ¡Date el capricho! —insistía Antonio—. «De seguir así —pensó Ignacio— no me quedará dinero para comer mañana». No gracias, no me apetece ahora —respondió intentando parecer tranquilo.

[R. 97]: Con las comillas, destacamos los títulos de los artículos incluidos en obras mayores (periódicos, revistas, libros, etc.), poemas, , etc. Por ejemplo:

> ∾ El artículo de José Tintero titulado «La actividad cerebral en casos de coma» está recogido junto con otros en la revista *Medical Center*, de Nueva York.

> ∾ El poeta recitó «Noctámbulos» de su última obra *Recuerdos ácimos*.

Los títulos de obras, en cambio, se escribirán en letra cursiva y no entre comillas cuando redactamos con un procesador de textos. En textos mecanografiados o escritos a mano, se subrayarán. En cualquier caso, no se entrecomillan.

[R. 98]: Usamos las comillas cuando nos referimos a una palabra, morfema, desinencia, o secuencia fónica de forma individualizada, así centramos en ella la atención del lector y la separamos del resto de la oración. Por ejemplo:

   ↝ Los verbos acabados en «-ar» pertenecen a la primera conjugación.
   ↝ El sufijo «-mente» lo usamos para formar adverbios.
   ↝ «Enervar» es un galicismo que significaba originariamente «relajar».

[R. 99]: Empleamos las comillas también para señalar en el texto el uso intencionado de un término por distintos motivos: empleo de un vulgarismo, de un extranjerismo, neologismo o latinismo inusual, de un tecnicismo inusual, de un término irónico, etc.

   ↝ Era un «abogao» de dudosa reputación. (*vulgarismo*)
   ↝ Debes conseguir conectar con tus subordinados, que haya un«feedback». (*extranjerismo*)
   ↝ Aquella muchacha tenía una «hipo-cifosis torácica» perfecta. (*tecnicismo inusual, con sentido irónico*)
   ↝ María destacaba por su «inteligencia» lenta. (*ironía*)
   ↝ Cuando quería perderse, siempre encontraba el recurso de sus «negocios». (*ironía*)

[R. 100]: Para destacar los apodos o apelativos cuando aparecen junto al nombre propio. Por ejemplo:

   ↝ Don Félix Lope de Vega «El Príncipe de los Ingenios».
   ↝ Rocky Balboa «El Potro Italiano».

Otros usos de las comillas

[R.101]: Usamos las comillas a modo de abreviatura para evitar la repetición de una misma palabra en listas o catálogos. Por ejemplo:

ᘯ Pedido a proveedores:
  4 cajas de tomates
  3 " de ciruelas
  2 " de lechugas

El empleo de las comillas con otros signos de puntuación

[R. 102]: En este sentido, nos remitimos a lo dicho para la combinación del paréntesis con otros signos de puntuación, dado que las normas de aplicación para las comillas son idénticas. Como en aquel caso, debemos recordar que el fragmento entrecomillado es independiente del resto de la oración y funciona como unidad. Llevará dentro de las comillas los signos que le correspondan (por ejemplo, los signos de apertura y cierre de una interrogación o una exclamación si se trata de una expresión interrogativa o exclamativa), y se situarán fuera de las comillas los que correspondan a la oración donde se encuentra inserto.

[R. 103]: El punto, cuando aparece al final del texto entrecomillado, debe colocarse siempre detrás de las comillas, incluso cuando el texto finaliza con interrogación o exclamación. Por ejemplo:

ᘯ Y entonces exclamó: «¡Dios, qué daño he hecho!».

La única excepción que debemos considerar es cuando la frase entrecomillada aparece aislada, en cuyo caso situaremos el punto antes de las comillas. Por ejemplo:

ᘯ «Quien a buen árbol se arrima, buena sombra le cobija.»

Usos incorrectos de las comillas:

[R. 104]: No se usan las comillas para acotar citas que no sean textuales. Es un error usarlas en el estilo indirecto. Por ejemplo:

> ∾ *El Ministro de Fomento dijo que «las obras se prolongarían durante todo el verano».

O usamos el estilo directo, con los dos puntos seguidos de la cita entrecomillada, o usamos el estilo indirecto con nexo y sin comillas.

[R. 105]: No se usan las comillas para destacar nombres propios, ni de personas ni de instituciones; en estos casos, la mayúscula es el recurso utilizado para destacarlos. Por ejemplo:

> ∾ *El instituto «Góngora» es el más antiguo de la ciudad. (incorrecto)
>
> ∾ El Instituto Góngora es el más antiguo de la ciudad. (correcto)

Unas últimas consideraciones:

Como ya vimos, las comillas constituyen un procedimiento para destacar una palabra o grupo de palabras en el texto y, de esta forma, fijar la atención del lector en esa parte en concreto. No es el único recurso disponible para tal fin; en algunos de los empleos que hemos visto, puede alternar con el uso de letra cursiva o negrita, por ejemplo. Debemos procurar no sobrecargar el texto con demasiadas comillas porque, como sucede con la mayoría de los signos de puntuación, pierden su eficacia, se ralentiza la lectura y se dificulta la comprensión.

LA RAYA (O GUION LARGO)

Podemos usar la raya como signo doble o como signo simple.

1. La raya como signo doble

[R. 106]: Con valor equivalente al paréntesis, se usa para intercalar aclaraciones o incisos explicativos en el interior de oraciones más amplias. Se suele preferir al paréntesis cuando la nota aclaratoria es breve o muy puntual. Por ejemplo:

> ∞ La familia la componían el padre, la madre y diez hermanos —mejor hermanastros— que el patriarca tuvo con tres esposas diferentes a lo largo de los años.

Podemos emplear, para este mismo uso, las comas. El preferir las comas a las rayas va a depender del escritor y del ejemplo. En general, preferimos las rayas o el paréntesis cuando la aclaración guarda poca o ninguna relación lógica con el significado general de la frase en la que se inserta y puntualiza algún elemento concreto dentro del conjunto. En estos casos, utilizaremos un signo de apertura y otro de cierre y su combinación con otros signos de puntuación se ceñirá a lo expuesto para el paréntesis.

[R.107]: En los textos narrativos, se utiliza para separar el diálogo de la voz del narrador. En estos casos, la voz del narrador es la que se sitúa entre rayas cuando aparece inserta en medio del diálogo. Por ejemplo:

> ∞ «¡No tardarás en reconocer tu error —gritó Amalia descompuesta— y tendré que verte venir suplicando que te perdone!».

> ∞ «Mañana todos nos reuniremos en la planta de reciclaje a las diez» —concretó el cabecilla sin dar opción de réplica ni protesta a ninguno de los presentes.

El criterio para utilizar o no raya de cierre después de la intervención del narrador viene dado por lo que aparece a continuación. Si después de la intervención del narrador, continuamos el diálogo con el mismo personaje, colocaremos la raya de cierre para que la intervención del narrador quede enmarcada entre las dos rayas (ejemplo 1). Si después de la intervención del narrador no continúa la intervención del mismo personaje, no será necesaria la raya de cierre (ejemplo 2).

2. La raya como signo simple

[R. 108]: Con una raya, marcamos el inicio de la intervención de cada uno de los personajes en un diálogo. De esta forma simplificamos el diálogo evitando la repetición de los nombres de los personajes delante de cada una de sus intervenciones. Por ejemplo:

ᖱ —Aún no me has dicho dónde irás.

ᖱ—No puedo decírtelo. Ni yo misma lo sé. Puede que te llame o te mande un mensaje cuando esté instalada.

ᖱ—No puedes dejarme así, sin saber nada; no estás en condiciones de viajar sola. Al menos, quédate unos días y serénate.

ᖱ—Si me quedara no podría tranquilizarme. ¿Es que no lo sabes?

[R. 109]: En las narraciones, esta fórmula de introducir el diálogo puede realizarse a renglón seguido intercalando la voz del narrador. Si lo realizamos de esta forma, será la voz del narrador la que se inicie con la raya y, si la intervención del personaje no continúa detrás del narrador, no habrá raya de cierre, tal y como hemos visto en R.107. Por ejemplo:

ᖱ Cuando entró, la discoteca estaba casi vacía, algunos despistados hacían como que bailaban en una pista pobremente iluminada. Se aclimató a la luz y entonces la vio al final de la barra sentada en un taburete. Se dirigió a ella. «¿Cómo estás? —le preguntó sin más—. «¡Hombre, Pedro!» —dijo a modo de saludo—. «¿Es que no me esperabas?» —replicó con aire de reproche.

EL GUION (GUION CORTO)

El trazo es más breve que la raya. Lo usaremos en los siguientes casos:

[R. 110]: Usamos el guion entre las palabras que usamos para acuñar términos compuestos que aún no están lexicalizados en la lengua. Por ejemplo: curso «teórico-práctico», la asignatura de «Física-Química», el eje «franco-alemán», etc.[70]

    ∾ El curso organizado por la DGT para recuperar los puntos será teórico-práctico.

[R. 111]: Usamos el guion para indicar la separación de las sílabas de una misma palabra cuando esta no cabe al final de un renglón y la continuamos en el renglón siguiente. Por ejemplo:

    ∾ Las manzanas podridas deben separarse del resto de la cesta para evitar la posible putrefacción del resto.[71]

[R. 112]: Con el guion, podemos significar que una secuencia de grafías o de sílabas aparece al principio, en medio o al final

---

70 Respecto a estos compuestos, en cuanto al género, precisa la RAE en su Ortografía:«Los compuestos de nueva creación formados por dos adjetivos, el primero de los cuales conserva invariable la terminación masculina singular, mientras el segundo concuerda en género y número con el nombre al que se refiere». (5.11.2. Págs. 82-83).

71 Para cortar una palabra a final de renglón deberemos tener en cuenta: 1) Que una vocal nunca debe quedar sola (*a- meno); 2) Que las consonantes dobles nunca se separan, nos referimos a la «ll», «rr» , «ch» , «gu» y «qu» (*muc- hedumbre; *cal- le; *her- rero); diferente es la coincidencia accidental de dos consonantes que pueden aparecer aisladas y pertenecer a distintas sílabas, por ejemplo, «reac-ción»; 3) No deben separarse los diptongos, constituyen sílaba única (*mi-ni-atura). 4) Las abreviaturas nunca se dividen (*Exc- mo.»; *«Ils- ma.», etc.), 5) Los monosílabos no pueden separarse aunque estén compuestos por varias vocales en diptongo (*«bu- ey». *«ri- ais», etc.); 6) Las siglas no se separan (*UNES-CO); la RAE (*Ortografía*..., pág. 84, punto 7) exceptúa aquellas que están lexicalizadas y escribimos en minúscula, por ejemplo «rá-dar», «lá-ser», etc.

de una palabra. Si usamos el guion al principio, significamos que la secuencia aparece al final de la palabra. Por ejemplo:

> ∾ Los verbos acabados en «-ar» pertenecen a la primera conjugación.

Si la usamos al final de la secuencia, significamos que esta ocupa el principio de la palabra. Por ejemplo:

> ∾ «Sub-» es un prefijo que usamos para significar «debajo de».

Si usamos un guion al principio de la secuencia y otro al final, significamos que esta secuencia se sitúa en el interior de la palabra. Por ejemplo:

> ∾ En la forma verbal «amaremos», «-re-» es el morfema de tiempo, aspecto y modo.

[**R. 113**]: Podemos usar el guion para señalar cada uno de los elementos de una enumeración introducida por dos puntos y aparte. Es frecuente este uso en catálogos o listas donde el guion aparece en sustitución de una palabra previa para evitar su repetición constante y así agilizar la redacción del listado. Por ejemplo:

> ∾ Por su tipo de predicado, las oraciones pueden ser:
> - (oraciones) Intransitivas
> - Atributivas
> - Transitivas

[**R. 114**]: Uniendo dos palabras, puede adquirir valores prepositivos, especialmente en carteles y anuncios donde la brevedad es importante. Su uso está condicionado por el hecho de que exista una relación evidente entre los términos enlazados. Por ejemplo: en las señales de tráfico o de ferrocarril para significar el punto de inicio y destino de un trayecto se anotan separados por guion; lo mismo sucede con las líneas de metro.

> ∾ El AVE Madrid-Sevilla va a efectuar su salida (desde… hasta).
> ∾ La proporción casados-divorciados está evolucionando (entre).

⚮ El miércoles retransmiten el Madrid-Barcelona (contra).

⚮ El pacto IU-PSOE permitió gobernar en Córdoba. (con/entre).

Usos no lingüísticos del guion

[R.115]: Separamos con guion cifras relacionadas entre sí. Por ejemplo: nacimiento-muerte (1931-2000), inicio y fin de un periodo histórico (1820-1823, trienio liberal), página inicial y final donde se halla un contenido concreto (págs. 146-151), etc.

> ⚮ Andalucía vivió su periodo de máximo esplendor entre los siglos IX-XII.

> ⚮ La parte correspondiente a la vida y obra de Juan Ramón Jiménez la encontraréis en los capítulos VI-VIII.

[R. 116]: Podemos separar con guiones las cifras correspondientes al día, mes y año en la expresión de una fecha concreta. Por ejemplo:

⚮ 25-III-2007.

[R. 117]: En carteles indicativos de tráfico, paneles informativos de estaciones, aeropuertos, etc., el guion aparece enlazando letras, que son abreviaturas (tipo de carretera, vía o andén, puerta de embarque, etc.), con cifras que las concretan. Por ejemplo:

⚮ A-341; N-IV; C-145; etc.

[R. 118]: En las expresiones matemáticas se usa el signo menos, que con frecuencia se confunde con el guion, pero es algo más largo, la RAE insiste en que no se confundan[72]. Por ejemplo:

d $4 - 3 = 1$.

---

72 Aunque no comparto este criterio de distinciones tan sutiles, y los usuarios no las establecen, la RAE dice textualmente: "No se debe confundir el guion (-) con el signo menos (–) ni la raya (—). El guion une palabras y otros elementos («léxico-semánticos», «pro-RAE») y divide a final de línea («ca-/sa»). La raya se usa en diálogos e incisos. En casos como «5 – 3» o «–2°», se use el signo menos.

La diéresis (¨)[73]:

Consiste en dos puntos colocados sobre vocal débil. Tiene dos usos:

[R. 119]: Se coloca sobre la «ü» en las secuencias «güe» y «güi» siempre que la «u» se pronuncie. Por ejemplo: pingüino, lingüística, vergüenza, cigüeña, etc. Este uso es preceptivo, dado que la diéresis aporta valores fonéticos indicando cómo debe pronunciarse la palabra. De no usarla, estaríamos indicando al lector una lectura errónea, ya que en las secuencias «gue» y «gui» la «u» no se pronuncia en español, tal y como sucede en «guerra», «guisante», «guisar», «pegue», etc.

ᔐ El pingüino y la cigüeña tienen alas y diéresis.

[R. 120]: En poesía, se usa la diéresis cuando el autor quiere señalar la ruptura intencionada de un diptongo para que este sea leído como dos sílabas. Resulta un recurso métrico y, por tanto, rítmico. Por ejemplo: Jorge Manrique, en sus *Coplas a la muerte de su padre*, escribe:

ᔐ En ventura Octavïano, / Julio César en vencer / Y batallar, [...] (Copla 27).

Si el autor no hubiera usado la diéresis en «Octavïano», el primer verso tendría siete sílabas en lugar de ocho, por lo que rompería la cadencia rítmica del poema.

---

73 La diéresis plantea problemas ortográficos especialmente para los que escriben en lengua catalana y vasca. Los catalanes usan la diéresis para señalar la pronunciación de la «u» detrás de la grafía «q»; en vasco, nunca usan la diéresis porque no utilizan la «u» delante de «e» o «i». Los errores, en estos casos, por confusión, son más frecuentes.

LA BARRA (/)

Podemos utilizar la barra en los siguientes casos:

[R. 121]: Cuando lo que, en el texto original, aparece en renglones separados, lo reproducimos a renglón seguido, usaremos una barra para indicar cada uno de los saltos de línea en el original. Se usa con frecuencia para reproducir poemas o títulos de obras en fichas de catálogo. Por ejemplo:

    ∾ «El ruido / cesó, / un hombre pasó / embozado, / el sombrero / recatado / a los ojos / se caló /...» (fragmento de *El estudiante de Salamanca* de José de Espronceda).

    ∾ *Cómo se / hace un / comentario / de texto / Manual de técnicas / para superar el / comentario de / texto en todo / tipo de pruebas / (Secundaria, / Bachillerato, / Selectividad, / Universidad, / oposiciones).* Córdoba, Berenice, 2009.

En estos casos, como hemos hecho en los ejemplos, dejaremos un espacio antes y después de la barra.

[R. 122]: Se usa para separar abreviaturas entre sí, o con cifras. Su valor está, en estos casos, próximo a las preposiciones. Por ejemplo:

    ∾ Km/h (kilómetros por/a la hora).

    ∾ 850 €/mes (euros por/al mes).

    ∾ Ley 7/2002 de 17 de diciembre (7 del 2002).

No dejaremos espacio ni antes ni después de la barra en este uso.

[R. 123]: Se usa la barra para introducir en el texto las variables posibles de un mismo término u opciones que deban ser consideradas. Su uso se ha multiplicado por el llamado lenguaje inclusivo y las instrucciones de los organismos públicos para su aplicación en el ámbito administrativo. Por ejemplo:

d El/la profesor/a que sea encargado/a de realizar la guardia deberá revisar la asistencia de sus compañeros/as al centro escolar y supervisar el orden en general.

También es frecuente en escritos jurídico-administrativos para buscar la exhaustividad y evitar ambigüedades. Por ejemplo:

ᖷ La sanción se cumplirá en el/los día/s señalado/s al efecto en la notificación.

ᖷ A la reunión con el/la tutor/a deberá asistir la madre/padre/tutor legal de la/el menor.

La alternancia puede afectar a todo el vocablo y no solo a la desinencia, como hemos visto en el ejemplo anterior (madre/padre/tutor legal) o en los siguientes:

ᖷ El autor dará una charla/coloquio en el Ateneo de Madrid.

ᖷ Se ruega etiqueta (chaqué / traje).

[R. 124]: En algunas abreviaturas ya consolidadas por el uso, aparece la barra. Por ejemplo:

ᖷ c/ Arroyo (calle);

ᖷ c/c n.º 45 347 23 34 (cuenta corriente),

ᖷ a/c (a cuenta),

ᖷ d/f. (días fecha),

ᖷ s/f (sin fecha),

ᖷ s/n (sin número),

ᖷ l/ (letra de cambio), etc.

[R. 125]: En expresiones matemáticas, se usa para significar división o fracción. Por ejemplo:

ᖷ 8/4 = 2.

El asterisco (*)

Consiste en una pequeña estrella que se anota en la parte superior delante o detrás de una palabra o frase. Puede utilizarse con o sin paréntesis. Significa una llamada de atención que usamos para:

[R. 126]: Con el asterisco significamos una llamada o nota que vamos a desarrollar al margen o a pie de página. Actualmente, para este uso, se prefieren los números, también situados en la parte superior, delante o detrás de la palabra o frase, por la facilidad que nos brindan los procesadores de texto. No obstante, en textos manuscritos conviene utilizar los dos procedimientos: el asterisco supone una llamada de atención y el número ordena las anotaciones mejor que el utilizar uno, dos o tres asteriscos si se produce más de una anotación en la misma página.

[R. 127]: En textos de gramática, como el presente, es frecuente su uso delante de una palabra, grupo de palabras u oraciones para señalar su incorrección ortográfica, semántica o gramatical. Por ejemplo:

∾ *Dudo que vendrá (dudo que venga).

∾ *Muncho (mucho).

∾ *A grosso modo (grosso modo).

Su uso puede ampliarse a otras necesidades puntuales; en textos de lingüística histórica, por ejemplo, se utiliza para significar que la palabra a la que acompaña es una hipótesis no documentada en textos. Lo importante será explicar claramente el valor asignado, en el caso de que se use con un valor diferente a los expuestos.

El apóstrofo (')

Es un acento situado en la parte superior de la separación de dos palabras que señala la supresión de una vocal.

[**R. 128**]: Se usó en castellano antiguo y en textos poéticos, pero no se normalizó ortográficamente en nuestra lengua a diferencia de otras romances como el francés o el catalán. En un villancico de Juan del Encina (1468-1529) encontramos los siguientes versos:

> ∽ El qu'es más penado / más goza de amor, / qu'el mucho cuidado / le quita el temor. / Así qu'es mejor / amar con dolores / que estar sin amores.

Donde podemos apreciar «d'aquel»; «qu'es»; «l'homme»; «d'or»; etc. Su uso en nuestra lengua es, pues, ocasional y puede obedecer a dos razones:

[**R. 129**]: Se mantiene el apóstrofo cuando reproducimos una palabra en su lengua original y en esta aparece. Es el caso de: Marina D'Ors (catalán), Villeneuve-d'Ascq (francés), O'Donnell (inglés), etc. En este apartado debemos incluir el genitivo sajón inglés, en el que usamos una «s» detrás de la palabra y separada de ella por un apóstrofo. Por ejemplo: *Mary's house*, *Peter's father*, etc. Indica una relación de posesión entre los dos sustantivos (casa de María y padre de Peter, respectivamente).

Su uso se ha extendido entre nosotros especialmente en rótulos y marcas comerciales que tratan de conferir así a la marca un aire exótico o de prestigio (Pepe's, Chupete's, Sastre's, etc.). Es un uso que debemos evitar.[74]

---

74 El abuso se extiende también por países de habla inglesa donde existe una

[R. 130]: Se usa el apóstrofo cuando reproducimos literalmente, en diálogos o entrecomillados, el habla vulgar donde se suprimen ciertos sonidos. En lugar de los sonidos omitidos se usa el apóstrofo. Por ejemplo:

    ∾ J:— ¿Y l'agüela? ¿Cómo e'tá?

Usos incorrectos del apóstrofo

[R. 131]: No debemos usar el apóstrofo para señalar la supresión de las dos primeras cifras de un año. Este empleo, normalizado en inglés, no existe en español aunque se utilizó con todo el despliegue de medios en la EXPO'92. Esperemos que no cunda el ejemplo.

[R. 132]: No se usa al separar los números enteros de los números decimales en la expresión de una cifra, para esto debemos emplear la coma (*3'94 incorrecto / 3,94 correcto).

«Liga en Defensa del Apóstrofo» que lucha contra la proliferación del uso incorrecto de este signo en su idioma.

PÁRRAFO (§)

[R. 133]: Se usa para distinguir las partes de un escrito. Con él podemos expresar las divisiones internas de los capítulos. Se usa muy poco en las ediciones modernas.

CALDERÓN (¶)

[R. 134]: Su uso es muy similar a la marca de párrafo. Ha caído en desuso y cuando lo encontramos se trata de una llamada de atención para realizar alguna observación que deba ser destacada. Su utilización es aleatoria y debe ser explicada cuando se emplee.

LA LLAVE O CORCHETE ({ })

[R. 135]: La usamos para señalar que los elementos agrupados por el signo guardan entre sí algún tipo de relación (personas que pertenecen a un mismo departamento, plantas que pertenecen a una misma especie, etc.). Es frecuente en gráficos y diagramas.

Bibliografía

Aranda, José Carlos. *Manual de ortografía y redacción*. Córdoba: Berenice, 2010 (2.ª ed.).

Aranda Aguilar, José Carlos. *Manual de redacción para profesionales e internautas*. Córdoba: Berenice, 2011.

Aranda Aguilar, José Carlos. *Ortografía fácil*. Córdoba: Berenice, 2013 (2.ª ed.).

Ciruelo Rando, Pilar. *Los signos de puntuación: Para aprender el uso de la puntuación de textos en español*. Barcelona: Octaedro: 2010.

Fuentes Rodríguez, Catalina. *Guía práctica de escritura y redacción*. Madrid: Espasa (Colección Guías Prácticas del Instituto Cervantes), 2011.

Gómez Torrego, Leonardo. *Ortografía escolar*. Madrid: SM, 2007.

Gómez Torrego, Leonardo. *Ortografía de uso del español actual*. Madrid: SM, 2010.

Instituto Cervantes. *Gramática práctica del español*. Madrid: Espasa (Colección Guías Prácticas del Instituto Cervantes), 2007.

Instituto Cervantes. *El libro del español correcto: 12*. Barcelona: Planeta, 2018.

Martínez de Sousa, José (2015). *Manual de estilo de la lengua española*. Gijón: Ediciones Trea, S.L.

RAE. *Manual de la nueva gramática de la lengua española*. Madrid: Espasa, 2010.

RAE. *Ortografía básica de la lengua española*. Barcelona: Planeta, 2012.

RAE. *Manual de estilo de la lengua española*. Barcelona: Planeta, 2018.

CONCLUYÓ LA IMPRESIÓN DE ESTE LIBRO POR ENCOMIENDA DE BERENICE EL 2 DE SEPTIEMBRE DE 2022. TAL DÍA DE 1973 FALLECE JOHN RONALD REUEL TOLKIEN, ESCRITOR, POETA, FILÓLOGO, LINGÜISTA Y PROFESOR UNIVERSITARIO BRITÁNICO QUE ALCANZÓ LA CELEBRIDAD GRACIAS A SUS NOVELAS DE FANTASÍA *EL HOBBIT* Y *EL SEÑOR DE LOS ANILLOS*.